처음부터
그런 건
없습니다

처음부터 그런 건 없습니다

당연할 수 없는 우리들의 페미니즘

김양지영, 김홍미리 지음

한권의책

처음부터 그런 것이 있었을까

페미니즘을 말랑하게 이야기할 수 있을까? 우리는 한 꼭지를 써 내려갈 때마다 매번 같은 질문에 부딪히곤 했다. 차별이라는 글 재료가 말랑하지 않기 때문이기도 하고, 글 버릇이 워낙 고딕체스럽기도 했다. 그러다 보니 '너무 가볍지도, 그렇다고 너무 무겁지도 않아야 한다'는 출판사의 요청은 저자들에게 더없이 어려운 주문이었다. 그래서 이 책을 엮어내는 데 꽤 오랜 시간이 걸렸다. 두 명의 저자와 한 명의 편집장이 2년 가까이 만나며, 늘어난 건 구시렁이요 줄어든 건 문장의 '길이'였다.

쓴 글을 또 쓰고 고쳐 쓰면서 출간 일자는 늦어졌지만, 덕분에 성평등이나 페미니즘, 젠더 혹은 퀴어라는 단어가 익숙지 않은 지인에게서 '재밌다'는 평가를 받았다. 별점으로 매기자면 지인은 별 네

개 반이란다. 나머지 별 반 개는 간혹 어려운 단어가 나오면 눈치로 알아내야 하기 때문이라고 했다. 그래서 세상을 향해 질문을 던지는 책이라면 그 정도 난이도는 있어야 하지 않겠냐며 변명 아닌 변명을 덧붙였다.

그렇다. 중요한 건 질문이다. 우리는 누구든 질문투성이의 세상을 '질문 없이' 살아가지 않기를 바라며 글을 썼다. 페미니즘을 만나 이제껏 학업과 운동을 이어온 사람으로서도 그렇지만, 매 순간이 모순이었던 자녀 양육기를 거치면서 품게 된 마음이기도 하다. 우리는 페미니스트이고 여성학 연구자인 동시에 '엄마'였다.

공교롭게도 김양지영은 주민번호 앞자리가 3번인 아이의 엄마이고, 김홍미리는 주민번호 앞자리가 4번인 아이의 엄마다. 여자란 누구이며, 남자란 누구일까? 성적 차이는 처음부터 있었던 걸까, 아니면 각기 다른 모양과 내용으로 기대 받는 문화와 무리의 실천을 통해 만들어지는 것일까? 이 질문은 두 명의 페미니스트가 이 책을 쓰게 된 계기이자, 답해보고 싶었던 것이기도 하다. 초등학교 운동장은 왜 다 축구 경기장처럼 생겼는지, 여자들은 '원래' 감정 노동을 잘하는지, 사람들은 스스로 여자 혹은 남자라는 것을 어떻게 알게 되는지, 그런 질문을 해본 적은 있는지, "나도 군대 가야 돼?"라고 묻는 '아들'의 질문에 어떻게 답해야 하는지, '딸'의 생리가 부끄럽지 않을 방법이 있는지, 일에 치인 노동시장 말고 '서로가 보살피는' 노동시장은 여전히 우리들에게 먼 미래인지 말이다.

1990년대 중후반, 우리들이 대학을 다니던 시기는 대학 내 성정치가 활발하게 논의되던 때였다. 지금처럼 다양하진 않았지만 당시에도 페미니즘 책과 영화가 쏟아져 나왔다. 특히 게르드 브란튼베르그의 소설 『이갈리아의 딸들』은 남성과 여성의 역할을 '본래 그러한 것'으로 알고 살아가던 우리들에게 처음부터 그런 것이 '아닐지도 모른다'는 낯선 질문을 던져주었다. 그때부터였다. 그 낯선 질문으로 페미니스트 '하기'를 시작했고, 그렇게 살았다. 20여 년 동안 여성과 남성을 구별짓고 그에 따른 역할을 고정하는 사회에 문제를 제기하면서 나이 마흔을 넘겼다. 그렇다면 조금은 바뀌지 않았을까? 바뀌었다면 무엇이 바뀌었을까? 바뀐 것이 있다면, 이런 이야기를 더 자주 듣게 되었다는 것이다.

"여성들도 많이 나아지지 않았나?"

"지금은 여성 상위 시대다."

"나는 집에서 와이프한테 꼼짝 못한다."

이 말들은 차별이 수정되었다기보다는 차별을 허위로 만들려는 사람들이 늘어가는 사회를 반영한다. 그리고 더 많은 사람들이 말을 보태면서 차별은 보이지 않거나 보지 않아도 되는 일이 된다. 아예 불가능했던 조건에서 조금 가능성이 생긴 정도의 변화를 두고 마치 평등이 도래한 것처럼 오인하는 사람들도 많다. 하지만 우리가 일상에서 느끼는 건 줄어들지 않는 여성에 대한 폭력과 남성의 60% 수준인 여성 노동자의 임금, 성별직종직무분리와 제대로 평가받지 못하는 돌봄 노동 같은 것이다. 여전히 한국 사회는 성별화되어 있고, 성차별이 일상인 사회다.

이런데도 '여성도' 국회의원이 될 수 있고 대통령도 되었으니 과거보다는 나아진 것 아니냐는 이야기를 듣고 있자면, 지난 20년간 우리는 무얼 한 걸까 회의가 들기도 한다. '여성도' 일이 있어야 한다고 생각하는 사람이 많아졌지만, 그래도 아이는 엄마가 키워야 한다는 말과 합쳐져서 여성들은 일과 양육이라는 '투 잡'을 의무인 양 받아들인다. 그 와중에 "요즘엔 딸이 더 좋아"라는 말은 회의감에 마침표를 찍는 초절정 스매싱처럼 느껴진다. 여성 상위 시대에 딸은 보편적 인간의 자리 대신 '효녀'로 탈바꿈했다. 아들의 아내(며느리)가 보장해주지 않는 보살핌을 딸에게 의탁하는 것이다. 며느리든 딸이든, 어쨌든 '여자'에게 보살핌 책임을 전가하는 문화는 달라지지 않았다.

언제쯤 '여성'과 '남성'을 구분짓고 차별적으로 배치하는 일 없이 살아갈 수 있을까? '여자', '남자'가 아니라 그저 평범한 인간 존재로 서로를 마주할 날은 과연 올까?

…이런 의심은 접어두기로 한다. 그런 날은 온다. 아니, 이미 와 있을지 모른다.

다만 우리가 발견하지 못했을 뿐.

맥락을 중요하게 생각하는 페미니즘은 단어 하나를 사용하는 데도 몇 줄의 사전 설명이 필요할 때가 많다. 하나의 단정적 사실이 아니라 여러 개의 '부분적 진실'이 더 강한 객관성을 갖는다고 여기기 때문이다. 문장을 마무리할 때, '그렇다'라고 말하기보다는 '그럴 수 있다'는 서술을 선호하는 것도 그런 이유에서다. 덕분에 문장은 조금 더 길어지고, 단어를 따옴표 안에 채워 넣은 경우도 많다. 작은따옴표가 붙은 단어는 그 의미가 임시적이거나 부분적인 경우다. 이 책의 어딘가에서 작은따옴표에 묶인 단어를 만나면 앞뒤의 문맥에서 그 말의 의미가 어디에서 와서 어디로 가는 중인지 떠올려보고 상상해도 좋겠다.

편집 기간을 거치면서 긴 문장과 늘어지는 단락, 난무하는 따옴표와 서술어 등이 정돈되었지만, 자칫 이 과정에서 맥락을 삭제해버리는 것은 아닐까 하는 우려는 남아 있다. 그로 인한 곡해는 온전히 우리가 책임져야 할 몫이다. 독자들이 이런 부분을 발견하고 지적한다면 곧바로 수정할 준비가 되어 있다. 사실 페미니즘은 정답이 없고 움직이는 질문과 잠정적인 답변 속에서 변화하는 것이니, 독자들의 질문이 많을수록 이 책은 '성공'이다. 이를 '희망'이라 불러야겠다. 우리가 이미 가슴속에 품고 있는 그것 말이다.

차례

1장

성별에 갇힌 여자, 남자

일방통행, 성공하면 로맨스

우리들에게 익숙한 키스가 하나 있다. 남자가 여자를 벽으로 밀치며 기습적으로 하는, 일명 벽키스다. 우리의 뇌리에 박힌, 대표적인 키스 장면이기도 하다. 남자는 여자에게 힘을 행사하며 입술을 포개고, 여자는 처음엔 흠칫 놀라다가 결국엔 받아들인다. 감미로운 음악이 울려 퍼지며 아름다운 키스로 완성된다. 만약 키스 장면에서 여자가 약간 저항하면 남자의 욕구를 자극하는 귀여운 앙탈이 된다.

다른 나라의 남녀 간의 키스도 이러할까? 일례로 미국의 드라마나 영화에 나오는 키스 장면과 비교해보자. 그들은 대부분 서로 쳐다보며 강렬한 눈빛을 교환하고 자연스럽게 서로의 입술이 다가가 포개진다. 분명 우리의 키스와 그들의 키스는 차이가 있다.

여자의 노는 예스다

두 나라는 키스에 대한 판타지가 서로 다르다. 우리에게 익숙한, 남성들의 기습적인 키스는 여자의 성적 욕구나 열망이 아니라 남자의 열띤 감정과 욕구만을 드러낸다. 그런데도 미디어 속 키스에 너무 익숙해져버린 나머지 그런 키스에 열광하고 잠을 설친다. 그러나 실제 현실에서 그런 키스가 이뤄지면, 여자는 어떤 기분일까?

여자가 키스를 할 만한 조건(감정 상태, 환경 등등)이 아닌데도 좋아하는 남자가 자신의 감정에 따라 힘을 행사하며 입술을 포개면 어떨까? 여자는 고민한다. 싫다고 해야 하나? 내가 싫다고 하면 이 남자는 내가 자기를 싫어한다고 생각할 텐데? 이 남자를 싫어하지는 않지만 지금 이 키스는 아닌 것 같은데 어떻게 해야 하나? 내가 분명 싫다고 반응을 보였는데 왜 이 남자는 계속하지?

한국의 전형적인 키스는 남자에게는 자신의 사랑을 표현하는 낭만적인 것일 수 있지만, 여자에게는 동의하지 않은, 일방적인, 뭐라 말하기 힘든 것일 수 있다. 그런데 문제는 여자들의 거부가 남자들에게는 다르게 읽힌다는 것이다. 남자들 사이에 널리 퍼진 고정관념이 있다면, "여자의 노는 예스"라는 것이 아닐까? 그런 남성들의 인식을 대표적으로 보여주는 사례가 있다.

《맥심》이라는 남성 잡지의 '나쁜 남자' 화보는 여자는 다리가 묶인 채 차 트렁크에 실려 있고 남자는 차 트렁크 앞에서 담배를 피우고 있는 장면을 연출했다. 이 남성 잡지는 여성들이 겉으로는 싫다고 하지만 정작 속으로는 거칠게 대하는 '나쁜 남자'를 좋아한다고 말한다.[1] 이러한 생각은 남성들의 일방적이고 강압적인 관계 맺기를 남성다움이나 낭만으로 포장하고, 여성들의 거부를 내숭이나 여성스러움으로 표현한다.

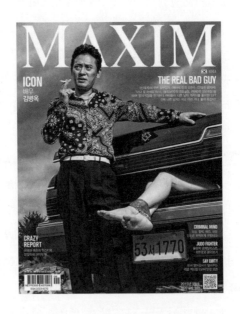

남자들끼리 키워온 성적 판타지, 나쁜 남자

실제 여성들은 남성들이 생각하는 것처럼 '나쁜 남자'를 좋아할까? 많은 여성들은 《맥심》의 화보를 보고 불쾌감을 표현하며 폭력적이라고 말한다. 그리고 남성들의 성적 판타지일 뿐이라고 말한다. 이 글을 읽는 누군가는 여성들 중에는 '나쁜 남자'를 좋아하는 이들이 있다고 말할지도 모른다. '나쁜 남자'에 대한 성적 판타지를 갖는 여자도 물론 있을 것이다. 그러나 문제의 본질은 '나쁜 남자'를 좋아하는 여자가 있는지 여부가 아니라, 관계 속에서의 동의 여부다.

남성들이 여성에 대해 갖고 있는 성적 판타지는 여성은 없는, 남성들끼리 키워온 그 무엇일 가능성이 높다. 남성들의 자위가 건강한 남성이 되기 위해 필요한 것으로 인지되고 권장되듯이, 남성들은 한국 사회에서 성적 주체다. 남성들은 성장기에 자기들끼리 모여 성인 잡지, 포르노 등을 공유하며 성에 대한 정보를 축적한다.

그런데 남성들의 정보망에는 실제 관계를 맺어야 하는 여성의 목소리가 없다. 여성은 '관계' 안에 들어오는 존재가 아니라 관계 밖의 존재, 즉 성적 대상이다. 남성이 알아서 해주기를 바라는, 싫다고는 하지만 속내는 그렇지 않은 대상. 남성 주도의 일방적인 관계 속에서 대상인 여성은 말이 없다. 없어야 한다.

그러나 남성들끼리 습득한 정보는 현실에 적용하는 과정에서 다른 결과를 낳는다. 일방적으로 벽키스를 하는 등 싫다고 해도 주도적인 남성성을 보이다가 성공하면 '로맨스'가 된다. 그러나 실패하면? 안타깝게도 실패담을 별로 들어본 적이 없다. 그 어디에도 실패담은 없다. 어쩌면 실패담이 나올 수 없는 게 당연한지도 모른다. 남성 스스로가 일방적으로 관계를 주도해가다가 여성에게 거부당했다는 얘기를 어떻게 하겠는가? 거부당한 남성은 남자로 인정받지 못한다. '오죽 못났으면 여자한테 거부당했을까'란 유무언의 압력을 받을 것이다.

그래서 거부당한 남성들은 자신들의 실패담을 쉬쉬한다. 결국 일방적인 남성성의 발휘로 성공한 '로맨스'만이 넘쳐난다. 그렇게 넘쳐나는 성공담 속에서 남성들은 일방적인 남성 주도의 관계만을 배우고 실천해나간다.

선녀와 나무꾼, 일방통행의 실패담

우리에게 너무 익숙한 '선녀와 나무꾼'은 바로 그 실패담이다. 우리는 이 이야기의 주제가 선녀를 사랑한 나무꾼의 지고지순한 사랑이라고 배웠다. 그러나 나무꾼은 이야기 속에서 선녀와 동의를 토대로 관계를 맺는 것이 아니라 일방적인 관계를 맺는다. 나무꾼은 선녀를 엿보다가 사랑에 빠져 그녀를 차지하기 위해 날개옷을 숨긴다. 선녀는 어쩔 수 없이 나무꾼과 같이 살지만, 틈만 나면 나무꾼에게 날개옷을 돌려달라고 요구한다. 나무꾼은 아이 셋을 낳은 후에야 이제는 선녀가 도망가지 않을 거라 자신하며 선녀에게 날개옷을 준다. 선녀는 바로 그날 밤 날개옷을 입고 아이 셋을 데리고 하늘로 올라간다.

나무꾼의 실패담은 현재 데이트 (성)폭력이란 형태로 나타난다. 남성들의 성공담 뒤에서 빛을 못 보던 실패담이 피해를 당한 여성들의 목소리를 통해서 드러난 것이다. 그러나 많은 남성들은 친밀한 관계에서의 (성)폭력을 받아들이는 게 쉽지 않다. 남성들이 가장 많이 하는 말이 "우리는 사귀는 사이(였)잖아". 그렇다면 친밀한 관계에서의 폭력은 폭력이 아니란 말인가?

왜 가족 내에서 아내 구타, 아동 학대, 노인 학대 등의 문제를 자주 접하게 될까? 친밀한 관계는 그 관계가 친밀할 뿐이지, 폭력이 발생하지 않는다는 것을 전제하지 않는다. 그리고 폭력은 힘의 우위와 열위라는 위계 구조에서 발생한다. 동등한 관계에서의 폭력은 폭력이 아니라 싸움이다.

남녀 간의 친밀한 관계 속에서도 폭력을 발생시키는 위계가 있다. 일례로 남성은 여성보다 육체적으로 힘이 더 세고, 남성의 성은 장려된다. 그에 반해 여성은 육체적으로 남성보다 힘이 약하고, 성적 욕망을 드러내면 헤픈 여자로 여겨지며, 처녀성을 지키고 성에 대해 무지한 존재일 것이 장려된다.

이러한 여성과 남성이 만나서 관계를 맺을 때, 남성의 일방성은 실패하면 쉽게 폭력으로 변한다. 실제로 미디어를 통해 그런 실패담을 자주 접한다. 사귀던 여성에게 "같이 잔 사실을 유포하겠다"거나 "같이 찍은 성관계 동영상을 인터넷에 올리겠다"며 "누구 맘대로 헤어지냐? 가만두지 않겠다"고 을러댄다.

남성들의 일방통행의 실패담이 데이트 폭력이 되지 않기 위해서는 어떻게 해야 할까? 관계는 일방통행이 아니라 서로에 대한 존중을 기반으로 한 '동의'하에 맺어나가는 것이고, 상대방의 노를 정말 노라고 여겨야 하며, 상대방의 불명확한 의사 표현 또한 예스가 아니라는 것을 이해하고, 예스 또한 어떤 압력하에서가 아니라 온전히 의사 표현을 할 수 있는 조건에서 이뤄져야 한다는 것을 이해해야 한다.

남성들끼리의 '카더라' 통신에 의존하기보다는 직접 상대 여성에게 물어가면서 관계의 호흡을 맞춰나가는 것, 그것이 여성과 남성 모두에게 아름다운 관계의 시작이 아닐까?

여자 놀이 vs. 남자 놀이

인터넷에는 어떻게 하면 연애를 잘해 솔로 탈출을 할 수 있을지에 대한 많은 정보들이 올라와 있다. 소개팅할 때의 대처법을 보면, 여자에게는 남자의 말을 경청하며 남자의 자존감을 올려주라는 처방이 내려진다. 반면 남자에게는 잘 아는 데이트 장소를 선택하고 상대의 취향을 반영한 데이트 코스를 짜는 등 소개팅을 잘 리드할 수 있는 방법을 알려준다.

다음 글은 대학생 남녀가 말하는 소개팅 성공 노하우를 실은 잡지 글의 일부다.

그 남자, 그 여자가 전하는 소개팅 성공 법칙[2]

He said 소개팅 전에 메신저를 하는 경우가 많다. 그러나 약속을 정하는 것 외의 지나친 대화는 오히려 소개팅 당일의 대화 주제를 미리 써버리는 악수일 수 있다. … 대략적인 취향을 파악한다면 소개팅 당일 데이트 코스를 짤 때도 좋다. 소개팅 장소를 정할 때는 자신에게 유리한 장소를 택하는 것이 좋다. 유리한 곳이란 자신이 잘 아는 장소를 뜻한다. 어느 식당이 맛있고 어떤 카페가 분위기가 좋은지 알고 있다면 상대방을 배려하기도 쉽다. 더불어 날씨나 상대방의 옷차림과 성격에 따라 즉석에서 데이트 코스를 변경하기도 쉽고, 자신 있는 장소인만큼 자연스러운 모습을 보여줄 수 있다. 세심하고 준비된 사람이라는 점을 상대방에게 어필하자.

She said 대화를 하다 보면 어느새 끌려가고 있다는 느낌을 받을 때가 있다. 어떻게 말을 꺼내도 단답형으로 대답하거나, 자신의 이야기만 할 때다. 둘이 하는 대화에 주인공은 한 명이 아니라는 점을 기억해야 한다. 아무리 사소한 주제라도 눈을 마주치고 경청하고 있음을 표현하는 것이 탁월한 방법. 만나기 전 연락은 지양하는 것이 좋다. … 상대방의 자존감을 높여주는 것도 좋은 방법! 콤플렉스를 매력이라고 말해주는 식이다. 진심이든, 선의의 거짓말이든, 감동을 줄 것이다.

연애를 안 하면 '모태솔로'로 불리며 뭔가 문제 있는 사람으로 취급받는, 연애 시대를 사는 우리. 언제부터 이렇게 '연애'가 중요해졌을까?

1920년대, 자유연애의 시작

근대 연애의 시작은 1920년대로, 당시 지식인 남성들과 신여성들 사이에 유행했던 자유연애가 대표적이다. 조혼 관습에 따라 중매결혼이 당연시되던 시절에 연애는 '자유'란 명칭이 따라붙을 정도로 관습에 얽매이지 않는 자유의 상징이었다.

'연애'란 개념이 새롭게 성립되기 시작한 100여 년 전은 어떠했을까? 1920년대《신여자》에 실린 글은 당시 지식인 남성들이 어떤 여성들을 선호했는지 잘 보여준다.

제 일, 교육… 서간문은 물론이거니와 남편의 말하는 대로 언문과 한문 섞인 원고 한 장 받아쓸 만한 여자. 제 이, 건강. 신체는 비만하지 않게 건강하여야 할 것이오. … 제 삼, 용모는 추보다 미를 좋아함은 사람의 본능인즉 될 수 있는 대로 추는 면하고 단아하고 애교 있는 여자. … 제 사, 의지. 의지가 박약한 여자는 남의 아내가 될 자격이 없다고 해도 가하니… 그저 한숨만 쉬고 눈물만 흘리는 여자는 현대에는 부적당합니다. 남편이 혹 사업에 실패하여 절망한 지경에 빠지는 일이 있는 경우에는… 그리 낙심할 것 없소, 하며 위로를 하여주면 그때의 남편 된 사람의 마음을 어떠할꼬. … 다시 권토중래하는 용기를 얻을지니 이러한 여자를 나는 요구. 제 오, 애정… 내가 아내에게 대하여 두 마음이 없음을 맹세하

는 것과 같이 아내도 또한 어떠한 외간의 유혹과 박해를 당할지라
도 죽기로써 정조를 온전히 하는 결심을 가지고 무한한 애정을 남
편에게 주는 여자. 제 육, 치가. 가정의 실권은 아내가 쥔 것인즉
가내의 제반 일을 아내가 적의하게 처리하는 데 임기응변에 민활
한 여자.[3]

1990년대 연애 팁

1920~1930년대는 지식인들이 자유연애를 통해 연애와 결혼을
일치시키려 했던 시기였다. 그래서 지금처럼 구체적인 연애 기술에
대한 이야기보다는 연애 혹은 결혼하기 좋은 여성상에 대한 이야기
들이 주를 이뤘다.

남성들은 여성들을 구여성과 신여성으로 구분해 어떤 여자가 더
나은가에 대해 지상 토론을 벌이기도 했다. 당시 여성상은 남성과
지적·감정적 교류가 가능한 동반자일 뿐 아니라 남성을 보조하고
남성에 대한 희생과 정조를 아끼지 않아야 했다. 오늘날과 크게 다
르지 않다.

1990년대 여성 잡지에 실린 연애 팁을 보더라도 1920~1930년
대의 남성이 바라던 여성상과는 크게 달라지지 않았다. 여성은 여
전히 정조가 중요하고 남성의 기를 살려줘야 한다.

당신은 어떤 타입일까? 당신은 남자를 불안하게 만드는 쪽일까, 아니면 남자의 기사도 정신을 존중하며 기를 살려주는 쪽일까? 다음 테스트를 해보고 결과에 따라 자신의 스타일을 약간 수정해보기를 바란다.

몇 번 만난 남자와 첫 키스를 했다. 능숙한 당신의 모습을 보고 그가 놀랄 때 당신은 어떻게 말하겠는가?
a. "너와는 무언가 통하는 것 같아."
b. "나는 융통성이 좋은 편이야."
c. "옛날 남자 친구와는 이렇게 했어."

처음으로 두 사람이 저녁 식사를 하고 계산을 하게 되었다. 당신이라면 어떻게 하겠는가?
a. 계산을 할 때 화장을 고친다.
b. 같이 내자고 제안한다.
c. "다음엔 내가 낼게"라고 말한다.⁴

위 질문의 답은 한국 여자라면 모두 잘 알 것이다. 첫 키스에 능숙한 여자를 보고 놀란 남자에게 "너와는 무언가 통하는 것 같아"라고 말하고, 저녁 식사 후 계산을 할 때는 같이 내자고 할 게 아니라 "다음엔 내가 낼게"라고 말해야 한다.

연애에도 각본이 있다

'어떤 여자가 연애하고 결혼하기에 좋은 여자인가' 하는 여성상은 연애 시대인 요즘에는 연애 매뉴얼이 되었다. 연애할 때 여성과 남성은 정해진 말과 행동을 해야 한다. 마치 연극을 할 때 배우마다 각각의 역할에 따른 각본이 있듯이, 연애에도 남자가 해야 할 역할과 여자가 해야 할 역할이 따로 있다. 연애 각본이 있는 것처럼 말이다. 사랑을 할 때도 행동 규칙이 있고, 그러한 행동 규칙은 여자와 남자가 다르다.

웹 2.0 시대, SNS의 발달로 10대의 연애 방법도 변하고 있다. 페이스북이나 카톡 등의 메신저를 통한 빠른 연애가 그 예다. 그러나 10대의 연애 속에도 연애 각본은 그대로 남아 있다. 페메 고백은 남자의 몫이고, 그 고백을 받을지 여부를 놓고 고민하는 것은 여자 몫이다.

남자는 연애할 때 주도적으로 관계를 리드해가야 한다. 고백도 먼저 하고, 데이트 비용도 책임지고, 스킨십도 먼저 해야 한다. 여자는 고백을 받아야 하고, 데이트할 때 외모를 잘 꾸미고 나가야 하며, 스킨십에 소극적이어야 한다.

그래서 남자는 '거절 불안'을, 여자는 '유기 불안'을 갖고 있다고 한다. 남자는 사귀자고 했는데, 손잡자고 했는데 거절당하면 어쩌나 하는 불안을, 여자는 스킨십 등 남자의 요구를 거절했을 때 상대가 싫어하는 걸로 오해해 헤어지자고 하면 어쩌나 하는 불안을 느끼는 것이다.

게다가 남자와 여자는 사랑의 표현 방식도 달라야 한다. 남자는 경제력을 드러내기 위해 여자가 선호하는 비싼 선물을 사준다. 여자는 남자에게 정성을 보여줄 수 있도록 직접 싼 도시락이나 직접 짠 목도리 등을 선물한다.

아래의 글은 연애 경험에서 연애 각본을 경험한 여성들의 이야기다.

"남자도 '내가 이런 가방을 사줄 수 있는 남자다'라는 거 있잖아. 이런 데서 쇼핑을 하고 나갔을 때 사람들이 보는 눈이 그거잖아. '저 남자가 사줬구나.' 물론 그때는 거기까지 생각하진 않았어. 근데 지금 생각하면 지금도 당연히 백화점을 간다거나 마트를 가도 뭐 큰 걸 하나 딱 사고 나면 남자가 사줬을 것 같은 그런 이미지가 드는 거지."[5]

"주위에서 결혼하는 친구나 언니들 보면 바라는 남성상이 생기기도 하면서, 제 스스로가 요즘은 굉장히 전통적인 여성상에 가까워지고 있다는 것을 느끼고 있거든요. 남자 친구가 좋아하는 걸 해주려고 하는데 남자 친구가 좋아하는 게 전통적인 여성상에 가까운 거죠. 제가 요리 못하는데 남자 친구가 도시락 같은 것에 되게 로망이 있는 거예요. 근데 제가 해주고 있더라구요."[6]

그런데 그 반대의 경우는 쉽게 상상하기 어렵다. 여자가 남자보다 돈이 없어서가 아니라 연애의 규칙에 위반되기 때문이다. 비싼 선물을 사주는 여자는 센 여자가 되고, 손뜨개질한 것을 선물하는 남자는 여자처럼 느껴진다. 게다가 먼저 여자가 스킨십을 하면 경험이 많거나 꽃뱀으로 오인된다.

10대의 연애, 성인의 연애, 20년 전의 연애, 그리고 100년 전의 연애까지, 그대로다.

이러한 연애 각본은 우리 사회의 남성상과 여성상을 그대로 담고 있다. 많은 이들이 연애의 정석에 따라 사랑을 하며 성 역할을 배워나간다. 성 각본에 따른 연애를 충실히 하다 보면 어느새 자연스럽게 남자 역할, 여자 역할을 체득하게 된다.

이런 연애가 결혼으로 발전하면 결혼 관계 안에서의 남자 역할, 여자 역할로 발전한다. 여성은 자신의 커리어보다는 가족을 중시해야 하고, 남성은 가족보다는 자신의 일을 중시해야 한다. 남편은 밖에 나가 돈을 버는 사람이고, 집에 오면 소파와 한 몸이 된다. 아내는 집에서 살림하고 아이 키우며 집사람이 된다.

로맨스, 사랑이란 이름 속에서는 달콤한 남자 놀이와 여자 놀이가 어느새 고정된 성 역할이 되어버린다. 연애를 '성실히' 하다 보면 결국엔 두 사람은 여자와 남자로만 남게 되는 것이다.

연애를 하는데도 남자 놀이와 여자 놀이가 필요할까? 결국 이미 정해져 있는 남자와 여자의 모습으로 변해가는 걸 서로 확인하는 과정에 지나지 않은 건 아닐까?

그저 존재와 존재 간의 만남이 될 순 없을까?

　'보통의 경험'. 성폭력을 설명하는 데 이만큼 적절하고 정확한 말
은 없지 싶다. 그만큼 여성이라면 누구나 경험하는 것이 바로 성폭
력이다. 그리고 이 말은 '성폭력 피해자를 위한 DIY 가이드'라는 부
제를 단 한국성폭력상담소의 책 제목이기도 하다. 성폭력이 '몇몇
사람에게만 일어나는 예외적인 사건이 아니라 성차별적인 사회에
만연한 문제'임을 알려주고, 피해를 회복하는 방법을 설명하는 친
절한 지침서다. 여성들은 성폭력을 비껴가고 싶어 하지만, 피하고

싶다고 피해지거나 조심한다고 해서 겪지 않을 수 있는 일이 아니며, 여성을 성적 대상으로 소비하는 세계에서 '조심한다고' 해서 줄어들 범죄가 아니라는 이야기다. 짧은 치마를 입지 않아도, 술을 먹지 않아도, 집에 일찍 들어와도 성폭력은 우리를 피해 가지 않는다. 오히려 조신하고 얌전할수록 더 쉽게 표적이 되기도 한다. 그럴수록 반항이 어렵고 남들에게 말하지 못할 것이라는 가해자의 '확신'이 작동하기 때문이다.

요컨대 성폭력은 전적으로 가해자의 의지에 달렸다. 성기노출범 죄자(이들은 모두 남성이다)는 여고 앞에 출몰할 뿐, 남녀공학 고등학교 앞에 나타나지 않는다. 지하철 성추행으로 붙잡힌 20대의 한 남성은 청바지 입은 여성을 표적으로 삼았다고 진술했다. 지하철 성추행 사건을 2년째 맡고 있다는 김모 경사는 짧은 치마, 얇은 옷, 달라붙는 바지, 키 큰 여자 등 성추행범의 선호는 다양하며, 결국 옷차림에 상관없이 "모든 여성이 피해자가 될 수 있다"고 설명한다.[7] 그야말로 '보통의 경험'인 셈이다.

그렇다면 이대로 '잠재적 피해자'로 살아야만 할까? 잠재적 피해자라는 위치를 피할 길은 없을까? 잠재적 피해자로서 잘 살 수 있는 방법이란 있기는 할까? 여성을 (성)범죄 표적으로 삼는 사회에서 남성보다 안전하지 못한 환경에서 살아가는 것은 사실이지만, 나를 오로지 '잠재적 피해자'로(만) 정의할 필요는 없다. 조심한다고 될 문제가 아니라면 더더욱 그렇다. 그저 성별이나 나이, 지위에 성관 없이 '모두에게' 안전한 사회를 만드는 일에 좀 더 관심을 쏟으면 된다. 여성들에게(만) '일찍 집에 가라'는 명령을 내리는 대신 말이다.

말하지 않는 너, 믿지 않는 나

고등학교 1학년 여름날의 이야기다. 부끄럽게도 나는 그날 친구가 한 이야기를 믿지 않았다. 국어 선생님이 교무실로 불러서 갔는데 자기를 껴안고 키스를 했다는 말을 듣고, 나는 그저 "말도 안 돼"라며 받아들이지 않았다. 우리는 주말이나 방과 후에 학교에 남아 교실에서 같이 공부하곤 했는데, 그 친구와 멀어지게 된 이유가 그것 때문이 아니었을까, 지금까지 후회한다.

나는 더 들었어야 했고, 믿기지 않지만 그런 일이 일어난 상황을 이해했어야 했으며, 무엇보다 그 친구의 마음이 어떠한지 물었어야 했다. 학교는 나오고 싶었을까, 다시 불려간 적이 있지는 않은가, 그 국어 교사의 수업을 어떻게 듣고 있을까, 내가 도울 일은 무엇이 있을까, 주변에 도움 받을 곳을 같이 찾아보면 어떨까, 그 친구 대신 내가 나서서 그 능구렁이 같은 국어 교사의 웃는 낯에 침이라도 뱉을까!

누구나의 경험인 성폭력이 지금까지도 예외적이고 특별한 경험으로 여겨지는 건 미스터리하다. 예외적인 일인 것처럼 느끼게 해서 아무도 '믿지 못하게' 하려는 것처럼, 곳곳에서 이런 일을 특수하게 만들어버리려 시도한다. 성폭력의 80%는 아는 사람에 의해 일어나지만 모르는 사람 사이에서 일어나는 성폭력만 집중해서 조명되거나, 가해자를 '괴물'이나 '늑대'로 묘사하는 미디어는 사람들에게 성폭력을 '있을 수 없는 일'로 상상하게 하는 데 기여한다. 내가 절친인 친구의 말을 의심하고 '그 사건' 자체를 없던 일로 만드는 데 1초도 걸리지 않았던 것처럼, 피해자의 고백을 불편한 마음 없이 삭제할 수 있게 된다.

들어줄 사람이 없고 믿어줄 사람도 없다는 걸 이미 경험적으로 알고 있는 여성들은 그것을 말하지 않는 방식으로 피해를 감춘다. 사회는 여성에게 분노하기보다 인내하는 것을 강조하고, 여성은 피해를 참아내는 일을 익숙하게 여긴다. 여성의 성 역할에는 '피해자'의 역할도 포함된다는 여성학자 정희진의 통찰은 실로 정확하다. 내 친구는 그렇게 침묵하는 피해자 역할을 수행하다가 나에게 어렵게 말을 꺼낸 것이고, 나는 그 말을 듣지 않았다. 내 친구의 몸을 함부로 만진 것은 국어 선생이지만, 어렵게 연 친구의 입을 틀어막은 것은 나였다. 피해는 해소되기보다 집적되었고, 그 와중에 가해자는 아무 노력을 하지 않았는데도 벌을 면했다. 심지어 성추행 사건 이후 이 일이 회자될 때에도 가해자는 등장인물로 나타난 적이 없다. 질문은 피해자에게 쏟아지고("진짜야? 정말이야? 그런데 너도 좋았던 거 아니야?"), 내가 그 답을 믿지 않는 사이에 가해자는 사라졌다.

성폭력은 여성 문제?

얼마 전 신문에서 '엉만튀', '슴만튀'라는 글을 접했다. '엉덩이 만지고 튀기', '가슴 만지고 튀기'를 의미하는 약어다. 그 기사를 보면서 계단이나 길거리에서 가슴과 엉덩이를 만지고 튀는 남자들이 왜 그리 많은지 납득되기도 했다. 그들에겐 '엉만튀, 슴만튀'가 그저 장난일 뿐이고 친구들 사이에서 남성성을 과시하는 남자다움의 표식으로 읽히기 때문이다. "나 오늘 학교 오는 길에 골목에서 한 건 했다"를 자랑하고 그 옆에 "오올, 남잔데"를 외쳐주는 집단이 공고히 존재하는데 이것을 '폭력'으로 받아들이겠는가? 여성들에게 불쾌하고 더러운 경험이 그들에겐 훈장일 수 있다는 걸 어떻게 '이해해야' 할까?

모든 남성들이 여성의 몸을 장난칠 거리(장난감, 놀잇감)로 여기는 것은 분명 아니다. "어딜 가나 있는 찌질이들"이라며 그들을 비난하기도 한다. 중요한 건 그다음이다. 그런 남성들이 어디에나 있다는 사실을 알고 있으면서도 그 예외적 남성들은 '찌질이'를 그대로 두기로 결정한다. 찌질이는 그대로 두고, 여성들을 조심시키는 것으로 자신의 역할을 정한다. 이를테면 "그런 애들 어딜 가나 있으니까

니들이 조심해", "나 빼고 남자는 다 늑대야. 그러니 조심해"라는 식이다.

'찌질이'가 아니라 '성추행범'이라 불러야 하고, '늑대'가 아니라 '여성 대상 범죄자'가 옳은 말이다. 그리고 찌질이도 아니고 늑대도 아닌 이들이 단속해야 할 대상은 (여성이 아니라) 성추행범과 여성 대상 범죄자여야 한다. 하지만 사람들은 여성을 상시적인 잠재적 피해자로 대하는 일에는 익숙하면서도 남성을 조심시키는 일은 낯설어한다. 음담패설은 '음탕한 이야기나 상스러운 말'이 아니라 성희롱이라고 알려줘도 멈추려 하지 않는다. 말할 때 조심해야 한다고 일러줘도 이렇게 말하는 여성에게 "예민하게 받아들이지 말라"고만 할 뿐이다. 남성을 조심시키는 일은 익숙하지 않고 더 어려워 보이는 데다 필요성마저 의심받는다. '여자가 참으면 된다'는 쉽고 저항이 적은 해결책이 있기 때문이다.

성폭력을 둘러싸고 일어나는 이런 뻔한 스토리는 '찌질한 놈'을 옹호하지는 않지만 찌질한 남자도 '남자라서 어쩔 수 없다'는 남성 간 동료 의식에 기인한다. 남자들은 원래 그러하고, 고칠 수 없으며, 다 커서도 실은 아이라는 식의 언설은 남성을 있는 그대로 수용하라는 과제를 여성에게 부여한다. 정의로워 보이는 남성들이 성폭력 근절을 외치고 찌질이를 비난하며 늑대를 처단하기를 주장하면서도, "여자들 조심해"를 꾸준히 외치는 데에는 뿌리 깊은 '성 역할' 이데올로기가 작동하고 있는 것이다.

여성의 몸을 '장난으로' 만지고 제멋대로 품평하면서도 여성이 고통스럽지 않거나 아주 조금만 고통스러울 것이라고 판단하면서, 여성의 의사 표명을 두고 "너무 예민하다"고 진단하는 일은 성이 불평등한 사회에서만 일어난다. 요컨대 성폭력은 성이 불평등하게 구축된 '구조'의 문제다. 가해자 개개인이 착하거나 착하지 않아서 일어나는 일이 아니라, 성에 따른 위계라는 구조적 모순이 일으키는 문제라는 이야기다.

그리고 이 구조를 만들고 지탱하는 사람은 찌질이와 늑대만이 아니다. 그들의 힘만으로 이 구조는 작동하지 못한다. 찌질이 아닌 남성과 늑대 아닌 남성, 피해자에게(만) 질문하는 우리, 그리고 피해 경험을 믿지 않는 나와 같은 사람들이 이 구조를 움직이는 데 기여한다. 결국 성폭력을 성 불평등한 사회구조와 연결지어 생각하려는 구체적인 노력이 없다면 남녀를 불문하고 누구나 피해를 양산하는 데 일조하는 셈이다. 성폭력을 모두의 문제가 아니라 '여성 문제'로 여기면서 절대 다수를 차지하는 가해자의 성별(남성)을 감추고, 피해자만 통제하려고만 드는 우리들 모두가 성폭력을 '보통의 경험'으로 만들고 있는 것이다.

그렇다면 어떻게 해야 할까? 지금이라도 나의 문제, 모두의 문제로서 성폭력을 바라볼 필요가 있다. 지금까지 이야기한 것처럼 성폭력의 피해와 가해 모두에서 우리는 예외가 아니다. 그러니 지금 내 눈앞에 있는 성폭력을(그 '보통의 경험'을) 잘 마주하고, 잘 보고, 잘 겪고, 잘 말하고, 잘 듣고, 잘 돕고, 잘 반성하고, 잘 사과하고, 잘 해결해가면 좋겠다. 그 일을 지금 내 위치에서 시작하자.

당신, 무표정해도 괜찮아

무표정한 얼굴의 두 사람

이 그림은 무슨 장면일까? 남자와 여자는 무슨 생각을 하는 걸까? 이 둘은 아는 사이일까? 저 여성은 왜 화가 나 있지? 둘이 싸운 걸까? 그래서 여성이 화가 난 건가?

이 그림을 보면서 어떤 생각을 했는가? 그림에는 무표정한 두 사람이 등장한다. 그런데 두 명 중에 한 명은 화가 나 있다고 생각했을지도 모른다. 똑같이 무표정한 얼굴을 하고 있지만 한 명은 화가 났을 거라 느끼고 다른 한 명은 화가 났다고 느끼지 않는 것. 이 차이는 그림 속 주인공의 성별에 따른다. 만약 그림 속 여성이 화가 난 것처럼 보였다면, 웃고 있지 않기 때문일 것이다. 사람들은 종종 '여성도 웃지 않을 때가 있다'는 걸 잊기도 하고, 여자들은 모두 태생적으로 애교가 있다고 믿는 경향이 있다. 하지만 알다시피 여성은 (남성과 똑같이) 60억 인간의 다양성만큼이나 모두 다른 성격과 기질을 갖는다.

무표정한 얼굴 프로젝트(Bitchy Resting Face Project)

"어떤 사람들은 우리가 편안한 표정을 짓고 있을 뿐인데도 웃으라고 권한다. … (하지만) 이 표정(BRF)은 가장 자연스럽고 솔직한 표정이다. 낯선 이들은 불편하다고 여길지 모른다. 그건 그들이 여성을 즐겨야 할 대상으로만 바라보기 때문이다." - 맨디 청

맨디 청, 〈Nikki〉, 2015.

캐나다 작가 맨디 청(Mandy Tsung)은 2015년 1월부터 2017년까지 3년에 걸쳐 속칭 'BRF'[8] 여성들의 사진을 받아 그림을 그렸다. 그는 사진 속 여성들이 가만히 있을 뿐인데도 비아냥이나 비웃음의 대상 이 된다는 사실에 주목한다. 그들은 무표정할 뿐인데 '빌어먹을 얼 굴, BRF'라고 지적당했다. 그리고 이것은 여성들에게만 해당되는 단어였다.

남성의 무표정은 신뢰, 단단함, 안정감, 진중함을 의미하지, 상대
방에게 짜증이나 불편함을 주지는 않는다. 버락 오바마나 칼럼리스
트 데이비드 브룩스의 무표정을 두고 BRF라고 하지는 않는다는 얘
기다.[9] 그런데 왜 여성의 무표정은 불편하기만 할까? 가만히 있는데
도 짜증이 났다고 여기거나 불편해하는 이유는 도대체 무엇일까?

여자들이여, 부드럽고 상냥하라

무뚝뚝하고 웃지 않는 여성을 만났을 때 당신은 어떤 기분이 드
는가? 혹시 웃지 않는 상대 여자가 불편한가?

부드럽고 상냥한 이미지는 마치 여성성의 기본인 것처럼 여겨진
다. 당신이 미팅이나 소개팅 때 했던(또는 좋아했던 상대 여자의) 옷차림
과 메이크업을 떠올려보라. 딱딱해 보이는 안경 대신 블링블링해
보이는 서클렌즈를, 센 언니 같아 보이는 짙은 마스카라 대신 샤방
샤방 아이섀도와 엷은 마스카라를 말이다. 그중에서도 신부 화장은
사회가 선호하는 여성 이미지의 대표적인 예일 텐데, 화려하게 꾸
미지만 너무 강렬하지는 않아야 하는 것이 규칙이라면 규칙이다.

어떤 결혼식에서도 안경을 쓴 신부를 볼 수 없고(너무 똑똑해 보인
다!), 각진 눈썹을 그릴 수 없으며(너무 자기주장이 강해 보인다!), 시끌벅

적한 예식장 앞에 서서 손님을 맞이하면 안 된다(너무 적극적인 성격으로 비친다!)는 것 또한 신부가 명심해야 한다.

노동시장 역시 부드럽고 상냥한 여성의 이미지를 만들어내고 적극적으로 소비하는 구체적인 장소다. 알바 노동자, 은행원, 스튜어디스, 그리고 신뢰감이 중요한 아나운서에 이르기까지 고용 형태나 직종, 업무 특성과는 무관하게 여성들에게 미소는 필수다.

누군가는 여성이라서가 아니라 업종이 서비스업이기 때문에 미소가 중요하다고 말하기도 하지만, 미소는 서비스직에만 해당되는 조건이라 할 수 없다. 여성이 진출하면 거꾸로 그 업계가 서비스화된다. 승객의 안전을 지키는 것이 주 업무인 스튜어디스를 서비스직화하는 것, 여성 아나운서의 역할이 뉴스의 전달이라는 본업 외에 표정이나 옷차림으로 분위기를 조정하는 역할로 확대되는 것 등은 여성/성을 서비스화시킨 대표적인 예다. 아나운서와 항공사 승무원 선발 과정에서 외국어나 언어 전달력뿐만 아니라 부드럽고 상냥한 인상과 미소가 당락을 결정한다는 말은 그저 소문이 아니다. '위스키 미소'가 스튜어디스 양성학원의 주요 교육 내용 중에 하나인 것이 그 증거다.

나에게 강요 말라

일상 곳곳에서 여자들에게 '여자다움'을 확인하려는 시도와 마주치게 된다. "무슨 여자가 화장도 안 해?", "무슨 여자가 애교도 없어?", "무슨 여자가 웃지도 않아?"라는 질문이 어색하지 않다면 그만큼 이런 말을 많이 들었다는 뜻이다. 이런 일상의 질문을 통해 여성들은 친절해야 하고 상냥해야 하고 애교도 있어야 하고 안경이나 노메이크업은 예의가 아니라고 배운다.

다른 한편으로는 여자는 결단력이 부족하다거나 아이 같다는 평가를 받곤 한다. 그리고 너무 짙은 화장은 '야하다, 싸 보인다'는 또 다른 잣대로 평가받는다. 그러다 보니 이 사회에서 원하는 여성은 화장을 한 여자도, 그렇다고 해서 화장을 하지 않은 여자도 아니다. 어느 쪽이든 무엇을 하든, 사회는 여성에게 적당한 수위를 요구한다. 적당한 화장과 적당한 애교, 적당한 지적 능력과 적당한 미소, 적당한 부드러움과 적당한 친절함을 갖춘 여자 말이다. 중요한 건 '적당함'의 기준이 내가 아닌 그들의 시선이라는 사실이다. 그 시선은 수많은 사람들의 찰나가 모인 '영원'이다. 적당함의 기준을 내가 정할 수 없을 때, 굳이 내가 그 기준에 맞춰야만 할까?

맨디 청은 무표정한 얼굴 프로젝트를 통해 "여성의 자연스러운 모습을 묘사해서 그들이 자기 자신의 진짜 모습을 부정적으로 바라보지 않도록 하고 싶다"는 의도를 밝혔다.

웃지 않아도 괜찮다. 여성을 기쁨의 소재쯤으로 이용하는 분위기를 더 이상 따를 필요는 없다. 옛날 언니들이 말했듯, 우리는 세상의 꽃이 아니라 '세상' 그 자체니까 말이다.

05

마치 존재하지 않는 것처럼

"달리면서, 나는 여자와 남자 모두가 생리가 존재하지 않는 것처럼 행동하도록 사회화됐다는 생각을 했다. 생리를 수치스러운 것으로 생각하도록 함으로써, 남자를 선호하는 사회는 세계 인구 50%가 매달 공유하는 경험을 통해 유대할 기회를 효과적으로 막고 있다. 여기에 대해 침묵하고 있기 때문에, 여자들은 남들은 아무도 볼 수 없는 자신의 생체 기능에 대해 불평하거나 이야기하지 않도록 사회화된다. 볼 수 없다면 대수롭지 않은 일인 것으로 간주되기 때문이다. 이것이 왜 중요한 문제냐고? 지금 바로 이 순간 일어나고 있는 일이기 때문이다."

－2015 키란 간디의 블로그

지금 이 순간 일어나는, 그러나 보이지 않는 피

마라톤 대회에 참가한 선수의 바지에 선혈이 흥건하다. 키란 간디
는 2015년 런던마라톤 대회에 출전하기 전날 생리를 시작했다. 1년여
동안 대회를 준비한 그는 그 순간 탐폰을 하지 않고 대회에 출전하
기로 결심한다. 인구의 절반가량이 매달 경험하지만 마치 존재하지
않는 것처럼 숨겨온 것을 보이자고 다짐한 것이다. 결국 키란 간디
는 탐폰을 하지 않은 채 마라톤을 완주했다.

어쩌다 생리는 보이지 않는 것이 되었을까? 간디의 말처럼, 전
세계 인구의 50%가 매달 주기적으로 경험하며, 한 달에 5일, 1년이
면 60일, 12세에서 50세까지 어림잡아 40년에 걸쳐 대략 2,000일
간 생리를 하면서도 그것을 눈앞에서 보는 일은 왜 이다지도 낯설
고 불쾌하기까지 할까? 탐폰을 하지 않고 내 몸이 가장 편안한 상
태에서 마라톤을 뛰고 싶었다는 간디는 '보이지 않던 것'들을 볼 때
느껴지는 '불쾌감'에 대해 질문을 던진다.

더럽거나 두렵거나

생리를 보는 불쾌함을 덜어내기 위해, 힌두교에서는 생리하는
여성을 마을 외곽의 움막에 격리한다(이 의식을 네팔에서는 '차우파디

(Chaupadi)'라고 한다). 생리 중인 여성은 사람들과 눈을 마주쳐서도 안되며, 소나 돼지를 키우던 버려진 헛간에서 일주일을 지낸다. 생리 중인 여자가 집 안에 있을 때 가족이 죽거나 다치고 농사가 흉작이 되리라는 신념은 생리의 과학적 원리가 밝혀진 지금까지도 견고하게 유지된다. 이런 굳은 신념 덕분에 2016년 12월, 15세 소녀 로샤니 티루와(Roshani Tiruwa)는 추운 움막에서 불을 피웠다가 연기에 질식해 사망했다.

『월경의 정치학』을 쓴 여성학자 박이은실은 몸 상태의 하나이자 생물학적 차이일 뿐인 생리가 어쩌다 금기(더럽고 불결한) 혹은 숭배(치유하고 성장시키는)와 연결되었는지를 탐구한다. 매달 한 번씩 자궁에 있던 피가 흘러나오는 현상은 '숭배'와 '멸시'의 이중창 속에서 여성의 본질적인 무능이나 결핍, 불안정함, 자격 미달을 뜻하는 것으로 굳어졌다. 그리고 이것은 가부장적 지배가 일어나는 어느 곳에서든 공통적으로 관찰된다.

힌두교인에게나 아시아에서만 일어나는 현상이 아니다. 내용과 방식에 차이가 있을 뿐, 생리에 대한 과도한 의미 부여는 여성에 대한 근본적인 구별짓기 또는 배제로 이어진다. 여성 목사 안수에 반대하며 "여자가 기저귀 차고 강단에 올라가? 안 돼!"[10]라고 했던 당시 대한예수교장로회 총회장에게 생리는 여성이 목사가 될 수 없는 '충분한' 이유였다.

『성경』에 "월경하는 여자는 단에 들어갈 수 없다"고 쓰여 있다는 것이 그가 내세운 차별의 정당한 이유였다. 이 구절에서 알 수 있는 것은, 『성경』이 쓰여질 당시에도 생리는 불결하고 불온한 것으로 여겨졌다는 사실뿐이다. 이후 그 터부를 숭상하고 계승한 이들의 아집과 부당한 배제로 인해 생리는 점차 '응당 감추고 조심해야 하는 것'이 됐을 것이다.

누군가에게는 일상이고 평생 함께할 벗이지만, 그것이 자신의 부족함/더러움/동물성을 증명한다고 하면 '그것'을 감추지 않을 방도가 있을까? 피를 흘린다는 이유로 목사가 될 수 없다는 예수님의 계시가 있었다는데, 나의 피 흘림을 드러낼 용기와 당당함이 가능하겠는가 말이다. 가능한 한 '그것'을 하지 않는 척해야 조금 더 인간적인 인간이라고 받아들여진다면, 그것을 감추기 위해 노력하는 수밖에.

너, 그날이니?

생리에 대한 금기는 생리를 보이지 않게 하고, 이는 다시금 보이지 않게 해야 하는 의무가 되며, 주변인들이 생리를 감춰주는 것이 예의라는 환상까지 만들어낸다. 옆 사람 모르게 슬며시 생리대를 꺼내면 그것을 못 본 척하는 것이 예의라고 생각한다. "너, 생리하니?"보다는 "너, 그날이야?"라는 말을 더 예의 있다고 느끼는 우리는, 생리를 있어도 없는 것으로 만드는 공범일 수도 있겠다.

> "본회의장에서 생리대라는 말은 좀 적절치 못한 발언이지 않나.
> 청소년이 됐든 여성들이 됐든 생리대라는 말은 조금 듣기 거북하
> 다. (중략) 여성들이나 청소년이 꼭 필요한 위생대, 그러면 대충 다
> 알아들을 거다."

2016년 6월 15일, 광주광역시 광산구의회의 한 남자 의원이 신
성한 의회에서 생리대라는 말을 사용하는 것이 듣기 거북하다고 선
언한다. 그리고 곧바로 '위생대'라고 해도 알아들을 것이라고 해당
의원에게 조언했다. 생리대라는 말이 사용된 이력을 안다면, 생리
대가 아니라 위생대로 쓰라는 요구는 난센스가 아닐 수 없다. 사실
과거에 우리나라에서는 생리를 월경이나 경도라고 불렀고, 생리대
는 위생대나 월경대로 불러왔다. 그러다가 그 단어들이 말하기 거
북하고 부끄럽다는 이유로 월경대는 '생리대'라는 이름으로 바뀌었
다. 하지만 안타깝게도 용어를 바꿔 무엇이라고 부르든(월경, 달거리,
생리, 경도, 위생 등등) 그 터부가 달라지지 않으니 결국 더럽고 불결한
느낌을 '생리'가 이어받게 된 것이다.

그런 불결한 느낌 덕분에 생리는 해고의 사유가 되기도 한다.
2017년 4월, 뉴욕국제오토쇼 행사 전날 기자단 행사의 현대차 부
스에서 일한 레이싱 모델 레이첼 리커트(Rachel Rickert)는 생리대를

갈기 위해 화장실에 가야 한다는 요구를 거절당했고, 결국 레이첼의 옷에 생리혈이 묻었다. 다음 날 현대차는 그녀를 해고했고, 레이첼은 현대차 미국 법인을 대상으로 소송을 시작했다.

> "나는 여성을 이런 식으로 다루는 사람들을 가만히 보고만 있지 않을 겁니다. 여성에게 월경은 자연스러운 생리 현상입니다. 특별 대우를 바란 게 아니에요. 단지 인간으로서 존중받고 화장실에 가길 원한 겁니다."
>
> — 레이첼 리커트

이 세상의 절반 가까이가 매달 경험하는 일이 어쨌거나 '마치 존재하지 않는 것처럼' 보여야 한다. 여성들은 '그것'에 대해 말하지 않을 뿐만 아니라 '없는 것처럼' 만들어야 할 막중한 의무를 진다. 내 어머니의 어머니의 어머니들은 한밤중에 월경대를 몰래 빨아 보이지 않는 곳에서 말리는 식으로 생리를 감췄고, 우리는 검은색 비닐봉지에 생리대를 우겨넣고 가장 얇고 티 안 나는 생리대를 사용하면서 필요시엔 '마법에 걸린 날'이라거나 '그날'이라고 얼버무리며 생리를 감춘다.

하지만 생리는 잘 감춰지지 않는다. 그리고 감출 수도 없다. 단지 남들이 보기 싫다는 이유로 감춰야 할 이유도 없다.

존재하는 것을 존재한다고 말하기

매년 5월 28일은 세계 월경의 날이다. 2014년 독일의 비영리 재단 'WASH(WAter, Sanitation and Hygiene) United'가 제안하면서 시작되었다. 보통 한 달에 5일간, 28일을 주기로 월경을 한다는 의미를 담았는데, 한국에서도 2017년 세계 월경의 날을 맞아 '건강하고 당당하게 월경에 치어스' 기자회견이 열렸다. 참가자들의 손에는 "어떤 피도 우리를 멈춰 세울 수는 없다"라고 적힌 팻말이 들렸고, 바닥에는 "그날 아니거든! 월경이거든!", "마법도 마술도 아니다" 등의 문구가 적힌 생리대 20여 개가 펼쳐졌다. 마지막에는 핏빛의 음료를 와인 잔에 따라 "월경에 치어스!(cheers)"를 외치며 건배하고, 대형 생리대에 남은 음료를 흩뿌렸다. 생리를 없는 것처럼 취급할 것이 아니라 언제나 우리 곁에 있다는 것을 알리고, 안전하고 즐겁게 월경 기간을 보내는 것이 인권의 출발임을 보여주는 퍼포먼스였다.[11]

누군가는 생리대를 저렇게 적나라하게 보여주다니 징그럽다며 불쾌감을 표현할 수도 있겠다. 하지만 키란 간디가 생리대를 하지 않고 마라톤을 뛴 이유를 다시 떠올려보자. "그것이 존재한다고 알리기 위해 달렸다"는 그녀의 말을 기억하고 해고된 레이첼의 이 말을 곱씹어본다면, 생리를 더 말하고 더 보여야 하지 않을까.

06

여자와 아줌마

아줌마

국립국어원의 『표준국어대사전』에서 '아줌마'는 '아주머니를 낮추어' 이르는 말로 정의되어 있다. 여기서 '아주머니'의 사전적 정의는 '남남끼리의 관계에서 결혼한 여자를 예사롭게 이르거나 부르는 말'이다. 요컨대 결혼한 여자를 부르는 통칭이 아주머니이고, 결혼한 여자를 낮추어 부르는 말이 바로 '아줌마'다.

한편, 아줌마라는 단어는 결혼한 상태의 여성이라는 뜻 말고도 '여성'에 대한 다양한(모순적인) 사회적 지시를 담고 있다. 너무 일상적인 단어라 의식하지 못하기 쉬운데, 흔한 예로 이런 말이 있겠다. "너도 이제 아줌마 다 됐네", "아줌마처럼 옷이 그게 뭐냐?", "서른

넘으면 아줌마지, 여자냐?", "아줌마, 집에서 밥이나 하지 뭐하러 차를 갖고 나와!" 등이다. 이런 말은 아줌마가 있어야 하는 자리, 아줌마가 되는 것에 대한 멸시, 그리고 아줌마가 되지 말아야 할 의무를 행간에 담고 있다. 그렇다면 '아줌마가 된다'는 건 어떤 뜻일까?

사전적 의미로 아줌마는 '결혼한 여자'를 뜻한다. 그 의미대로라면 아줌마가 됐다는 건 '결혼한 사람이 되었다'는 의미일 텐데, 사회적으로 아줌마가 됐다는 말은 그 이상의 의미를 포함한다. '아줌마 되면 안 된다'는 말이 '결혼하면 안 된다'는 의미가 아닌 것처럼 말이다. 사전적 의미를 건너뛰고 그 단어를 사용하는 사회적 맥락, 즉 사회적 의미가 더 중요한 단어가 바로 '아줌마'다. 그리고 '아줌마'라는 단어가 들어가는 문장들은 하나같이 놀림이나 비하, 닮고 싶지 않은 어떤 것, 비난과 배제의 의미를 품는다. 이때 하나는 확실히 알 수 있다. 미래의 아줌마들은 아줌마가 되지 않으려고 무던히도 애쓰게 되리라는 사실 말이다.

나이 듦, 여자, 아줌마

어쩌다 아줌마는 되고 싶지 않은 나의 미래가 되었을까? 어떤 이들은 지하철이나 공공장소에서 무례한 행동을 하는 아줌마들이 많아서 그렇다고 하고, 또 자기 자식밖에 모르는 이기적인 엄마를 많이 보다 보니 그런 불만이 투영된 것이라고 말하기도 한다. 하지만 그런 말들은 왜 나이 든 여성이 통으로 묶여 비난받는지를 설명하기에는 부족하다.

사실상 녹색어머니회나 새마을부녀회를 포함해서 지역사회 내 자원봉사자의 대부분은 나이 든 여성이다. 지역사회에 봉사하고 집 안팎에서 주변 사람들을 살뜰히 챙기는 흔한 아줌마들의 예는 의도적으로 외면하고, 무례한 개별적인 여성의 사례에만 집중하는 것은 그리 '중립적'이지 않다.

그렇다면 아줌마에 대한 무시와 비하는 어디에 기인하는 것일까? 그것은 몸의 쓰임새와 관련이 있다. "아줌마 다 됐다", "아줌마지, 여자냐?"라는 말은 아줌마가 여자와는 다르다는 의미를 포함한다. 여자로서의 '연식'은 다 되었고, 이제는 여자가 아니라 다른 '그 무엇'이어야 하는 것이다. 그리고 이것은 여성의 나이 듦을 사회가 어떻게 받아들이는지와 맞닿아 있다.

농담처럼 회자되는 말 중에 "여자 나이는 크리스마스 케이크"라는 말이 있다. 여자의 나이를 크리스마스 케이크에 빗댄 여성 혐오적 표현이다. 크리스마스 케이크는 이브인 24일에 가장 잘 팔리고 (24세 여성), 당일인 25일에는 그럭저럭 잘 팔리며(25세 여성), 하루 지난 26일에는 팔리기 어렵다(26세 여성)는 매출 관계를 '팔리기 적당한' 여자 나이에 빗댄 것이다. 비슷한 예로 2016년 한 신문사 전문가 칼럼에는 여자의 나이를 '우유'라고 말하는 한 의사의 글이 실렸

다. '여자'는 유통기한이 있다는 것이 그 사설의 내용이었다.[12]

'크리스마스 케이크'와 '우유'는 여성이라는 존재를 '유통 기한이 있는 몸'으로 환원한다. 이런 식이라면 '아줌마'는 이미 유통 기한이 오래전에 끝났을 뿐 아니라 이미 썩어버린 냄새나는 몸 덩어리다.

아줌마 되지 않기

여자의 나이가 우유나 케이크로 비유되는 세계에서 남자의 나이는 '와인'으로 빗대어진다. 남자는 나이가 들수록 깊어진다는 뜻이다. 하지만 나이 듦은 그 사람의 성별이 아니라 '성찰'과 결합할 때 '연륜'이 된다. 남자라고 해서 누구나 나이 들수록 깊어지는 게 아니듯이, 여자의 나이 듦 또한 '상폐녀', '크리스마스 케이크', '유통 기한 지난 우유', '아줌마'로 치환될 수 없다.

아줌마의 대응어 격인 '아저씨/아재'가 놀림과 비하의 의미를 담은 듯 보이지만, 나이 든 남성들이 그 말을 기꺼이 수용하고 껄껄 웃어넘길 수 있는 배경에는 그들의 나이 듦을 (유통 기한의 경과가 아니라) 숙성과 성숙으로 바라보는 사회가 있다. 여전히 가치 있을 뿐 아니라 '총각'보다 성숙하며 재력 있는 존재라고 말해주고 있기 때문인 셈이다.

반면 여성들은 나이 듦을 거부해야 하는 지상 최대의 '불가능한'

과제를 부여받는다. 시간은 거스를 수 없고 나이 듦은 삶이자 역사이지만, 내 몸에 삶의 흔적이 남는 것을 허용할 수 없다. 주름과 뱃살은 누적된 경험의 총체이지만 거부해야 할 것처럼 여겨진다. 주름을 펴준다는 필러 시장 규모는 2012년 이후 연평균 30% 이상 성장하고 있고, 2018년에는 2,600억 원 이상 성장할 것으로 예측된다. 과학기술은 나이가 들수록 깊어지는 여자의 '삶' 자체보다는 깊어지는 여자의 주름에 관심이 많다. 주름진 얼굴에 늘어진 뱃살, 성적으로 어필할 수 있는 매력을 상실한 몸이 되지 않기 위한 아줌마들의 고투는 미용 산업의 가열찬 성장에 기여하며 오늘도 계속된다.

그렇다고 해서 나이 듦을 거부하는 아줌마들의 노력을 이 사회가 받아들이는 것도 아니다. 사회는 여자들에게 '늙지 말 것'을 요구하면서도 정작 나이 든 여자들의 늙지 않으려는 시도를 멸시한다. 성형시술을 하는 여성을 두고 돈 많은 복부인들의 허영심이나 팔자 좋은 성형놀이로 비하하는 문화, 미니스커트나 톱드레스는 주책이라며 면박 주는 문화 등은 '늙지 않을 것'과 '적당히 잘 늙을 것'을 동시에 요구하는 모순을 반영한다. 성적 대상으로서의 가치가 있을 때까지(만) 여성을 대우하는 문화는 이러한 모순의 배경이 되어준다.

무성적 존재여야 할 아줌마가 (주책맞게) 긴 생머리를 하는 것, 성적 존재여야 하는데 너무 아줌마스러운 것. 그 사이에서 여자들은 아줌마가 되지 않기 위한 노오력과 아줌마다워야 하는 노오력을 동시에 수행한다.

그렇다면 아줌마는 어떻게 살아가야 하는 것일까? '무성적 존재'이면서 동시에 '성적 존재'여야 한다면 대체 어느 장단에 박자를 맞춰야 한단 말인가?

여자, 아줌마, 사람

누군가 내게 어느 장단에 박자를 맞출 것이냐고 묻는다면 새로운 장단을 만들겠다고 답하고 싶다. 그 장단이 내게는 맞지 않기 때문이다.

어떤 사람에게 "당신은 여자인가요, 아줌마인가요?" 하고 물었더니, "저는 여자이기도 하고 아줌마이기도 한데요. 아줌마 여자 사람이죠!"라고 답했다.

그렇다. 아줌마, 여자, 사람은 각각 분리된 몸이 아니라 하나의 온전한 몸이고, 성적이거나 성적이지 않은 변화무쌍한 변이체이며, 그 자체로 역사이고 인격이며 존재다. 그러니 하나인 몸을 인위적으로 분리시키는 장단에 박자를 맞출 필요가 없다.

'아줌마'는 이제까지 사회가 여자들에게 요구해온 명령을 거부할 수 있는 위치에 있다. '여자들이여 살을 빼라, 여자들이여 피부를 가꿔라, 여자들이여 성적으로 어필하라!'는 명령에서 한걸음 떨어질 수 있는 자리이고, 그 명령에 쉽게 매장되던 고유한 자기 모습이 삭제되지 않을 수 있는 자리다. 그 말은 곧 성적 대상으로서만 의미 있던 존재에서 벗어났다는 뜻이고 자신의 고유성을 복원할 수 있다는 의미다. 그러니 '아줌마'라는 말을 지금보다는 더 사랑할 필요가 있다.

물론 사회는 계속 아줌마들에게 '여자가 되라'는 요구를 멈추지 않을 것이다. '여자(성적)'와 '아줌마(무성적)'를 적대적으로 구별지으면서, '아줌마 파마'라고 놀리면서, '아줌마처럼' 자기관리를 안 한다고 핀잔을 주면서, '아줌마 같다'는 말을 놀림말로 사용하면서, 성적 어필을 지속하라고 요구할지도 모른다.

하지만 요구에 응답하지 않아도 괜찮다. 우리는 누구나 성적 존재이고, 이는 성별에 따라, 나이에 따라 달라지는 것이 아니다. 남자든 여자든, 나이가 많든 적든, 상폐녀든 신상녀든, 여자든 아줌마든, 와인 같은 사람이든 썩은 우유 같은 사람이든, 우리는 누구나 성적이며 동시에 어떤 순간에는 무성적이다. 그리고 당연한 말이지만, 삶을 살아가는 사람들에게 유통 기한은 없다. 고로 유통 기한을 늘리기 위해 통 속에 진공 포장되는 참치 캔처럼 여자를 통조림 수준으로만 생각하는 사람들이 있다면, 제발 깨어나길 바란다.

07

유효 기간이 지난 가장 신화

"한 집안의 가장으로서 책임감이 클 것이다."

"아버지가 없을 땐 장남인 네가 가장 노릇을 해야 한다."

남성들이라면 어렸을 적부터 자주 들어온 말이다. 실제로 2005년 호주제가 폐지되기 전까지 아버지가 부재한 경우 남자아이는 나이가 아무리 어려도 어머니를 제치고 호주가 되었다.

여성들 또한 한 가정을 책임져야 한다는 얘기를 직접 들어본 적은 없겠지만, 언제 들든 어색하지 않은 말이다. 집에는 가장이 있고, 가장은 한 집안을 대표하는 사람으로서 그 집에서 가장 권위가 있는 사람일 것이다.

가장에도 성별이 있다

당신의 집은 누가 가장인가? 이 물음에 대부분 지체 없이 아버지라고 답할 것이다. 어머니가 아버지와 맞벌이를 하고 아버지보다더 많은 돈을 벌어도 한 집의 가장은 아버지다. 여성이 가장인 경우는 이혼·사별 등으로 남편이 없을 때다. 그리고 여의사, 여소방관, 여경찰 등처럼 '여성' 가장으로 불린다.

혹시 왜 아버지가 가장인지 생각해보았는가? 왜 어머니는 가장이 안 될까? 논리적으로 어머니가 가장이 안 될 건 없지만, 어머니를 가장이라 부르면 왠지 어색하기만 하다. '어머니 가장'이라니. 예외적인 상황에서만 쓰게 되는 '소년, 소녀 가장'처럼 느껴진다.

이쯤에서 한국 사회에서 가장은 남성이란 성별을 가지고 있다는걸 알아채게 된다. '가장은 남성이고, 남성만이 가장이 될 수 있다.' 그런데 이런 전제가 가장이 아닌 여성, 가장이 될 수 없는 여성에게는 어떤 영향을 미칠까?

영화 〈카트〉에 나오는 대사는 가장이 아닌 여성들이 사회에서 어떻게 취급받는지 잘 보여준다.

"반찬값이나 벌자고 나온 여사님들을 누가 꼬셔가지고… 참….”
"저 생활비 벌러 나와요. 반찬값 아니고."

〈카트〉는 마트에서 일하는 여성들이 회사의 부당한 처우에 맞서 함께 싸워나가는 영화다. 영화 속에서 이들은 주로 '아줌마'로 불린다. 그런 아줌마들이 노동조합을 만들어 회사 측과 협상하려 하자, 회사는 아줌마들의 일을 '반찬값' 벌이 정도로 이해하고 무시한다. 기혼 여성의 일에 대한 이런 인식은 비단 영화의 한 장면이 아니라 한국에 널리 퍼져 있다. '반찬값', '아이들 학원비', '엄마 알바'란 말이 공공연하게 사용되고 있는 데서도 잘 드러난다. 우리는 기혼 남성의 일에 '반찬값', '아이들 학원비', '아빠 알바'란 말을 붙이지 않는다. 그들의 일은 한 집안의 생계를 책임지는, 아주 중요한 무엇이다.

언제부터 가장 아빠와 전업주부 엄마가 생겨났을까?

물론 이렇게 반박할 수도 있다. 남성들은 한 가족의 가장으로서 생계를 부양하고 있기 때문에 그러한 대우를 받는 게 당연하다고 말이다. 그렇다면 여성들은 남성들이 벌어다 주는 돈으로 집에서 살림하며 아이만 키워왔는가? 우리가 미디어에서 봐온 '남성 가장, 여성 전업주부'의 모습은 얼마나 현실적인 근거를 갖고 있는 걸까?

한국의 산업화는 1960~1970년대에 시작해 1980~1990년대에 본격화되었다. 1960~1970년대는 대부분의 사람들이 농사를 짓고 살았다. 여성이 농부로서 인정을 받은 건 최근이지만, 1960~1970년대에도 여성들은 남성과 같이 농사를 지었다. 다만 농부로 인정해주지 않았을 뿐이다. 당시 여성들은 남성들과 함께 농사를 짓거나 작은 가게를 운영하며 일도 하고 살림도 하고 아이도 키웠다. 이는 여성들의 경제활동 참여를 보여주는 통계에서도 확인할 수 있다. 자영업주 22.2%, 무급 가족 종사자[13] 56.0%, 임금근로자 21.8%(1963년)[14]. 당시는 남성들 또한 임금근로자가 많지 않았다. 남성들 대부분은 아내와 함께 농사를 짓거나 영세자영업을 하며 생계를 꾸려나갔다.

여기서 당시 산업 역군이었던 미혼 여성 이야기를 빼놓을 수 없다. 학교 사회 수업 시간에 배웠겠지만, 한국은 1960~1970년대에 경공업 중심의 경제성장을 이뤘고, 이때 많은 미혼 여성들이 '여공'으로 불리며 제조업 부분에서 일했다.

지금 이 순간에도 많은 여성들이 남성들과 함께 일하고 있다. 다만 여성들이 일하고 있다는 것이 남성 가장이란 말에 묻혀서 보이지 않을 뿐이다. 그렇다면 언제부터 남성은 가장, 여성은 전업주부라는 개념이 현실적인 토대를 갖게 되었을까?

1970년대 중반 이후 철강, 배, 자동차, 기계 등과 같이 무거운 제품을 생산하는 중화학 공업화가 추진되어 남성들이 주요한 노동력이 되면서부터다. 남성들의 일자리가 많아지고 임금도 높아지면서, 남성이 혼자 벌어도 가족의 생계를 꾸릴 수 있는 중산층 가정이 늘어났다. 그리고 1980년대 이후에 들어서야 비로소 '남성 가장, 여성 전업주부'란 말이 어느 정도 현실적인 토대를 갖게 되었다. 이후 중산층 가정은 한국 사회에서 대표적인 가족의 모습으로 제시되었다.

그러나 '남성 가장, 여성 전업주부'는 중산층의 가족상으로, 많은 사람들의 이상일 뿐이다. 지금도 남성이 한 가족의 생계를 책임질 수 있는 경우는 한정되어 있다. 2015년, 결혼한 여성의 61.1%가 경제활동을 하고 있다.[15] 오해의 소지가 있으니 짚고 넘어가자면, 여성들이 결혼-임신-출산-육아기에 아이를 키우는 동안 남성이 혼자서 부양을 하는 모습을 주변에서 자주 목격한다. 이는 '일시적인' 모습으로, 많은 여성들은 아이가 어느 정도 크면 다시 일을 시작한다. 살림과 육아를 병행하면서 말이다.

여성들은 과거에도 일했고, 현재에도 일하고 있다

이처럼 '남성 가장'의 역사는 짧을 뿐 아니라 현실적인 토대도 약하다. 많은 여성들은 예전이나 지금이나 꾸준히 일하고 있다. 다만 여성이 일을 하고 있다는 사실이 보이지 않을 뿐이다. 이는 '남성 가장'이란 인식이 가져온 결과라고 할 수 있다. 남성만이 생계 부양을 하는 가장이라는 말은, 여성들은 전업주부로 남성이 벌어다 주는 돈으로 살림과 육아를 하고 있다는 말과 짝을 이룬다. 결혼한 여성은 남성 가장이 있기 때문에 일을 한다는 사실이 눈에 띄지 않고,

일을 하더라도 가장을 돕는 보조적인 것으로 여겨진다. '반찬값', '아이들 학원비'란 말이 바로 여기서 비롯된 것이다.

여성의 일이 보조적이란 인식 때문에 직장에서는 여성들을 차별하게 된다. 한국은 경제위기 때마다 여성들을 우선적으로 해고했다. 대표적인 사례가 1997년 IMF 때 농협 사내 부부 해고 사건이다. 농협은 사내 부부를 구조조정 대상으로 삼고, 752쌍의 사내 부부를 대상으로 둘 중 한 명에게 퇴직을 권고했다. 그런데 이들 중 92%인 688명의 여성들이 일을 그만뒀다. 농협은 일을 그만두지 않는 여성들에게 남편을 멀리 전근을 보내겠다며 회유와 협박을 했다.[16]

해고의 논리는 간단하다. '여성들은 생계를 책임져줄 남편이 있거나 그런 남편을 두게 될 것이다.' 남성은 가장이고 생계 부양자니까 일을 지속해야 하고, 여성은 가장인 남편이 있으니 일을 그만둬도 된다는 논리가 여전히 한국 사회에 통용된다. 2008년 미국발 경제위기 때도 사라진 일자리 중 75%가 여성 일자리였다.[17] 그러나 아무도 사라진 여성들의 생계를, 일자리를 걱정하지 않는다. 그리고 일자리를 잃은 여성들은 구직 단념자인 전업주부가 되어 실업자로 분류되지도 않는다.

1997년 IMF 이후 평생 가족의 생계를 책임져줄 남성 생계 부양자는 현실적으로 불가능해졌지만, '가장' 신화는 여전히 뿌리 깊다. 하지만 '가장'이란 말이 가장이 될 수 없는 여성들에게는 그리 간단한 단어가 아님을 알 수 있다.

여성들이 일을 하면서도 이 말 때문에 차별을 받는다면, 어떻게 표현해야 할까? 가장이란 말을 폐기해야 할까? 아니면 가장이란 말을 다른 의미로 바꿔야 할까? 가장이란 말이 갖는 문제에 공감한다면, 무엇이든 대안적인 명칭을 찾고 실천해보기를 추천한다.

다른 이름을 찾을 때에 '가장'이란 단어가 지닌 한계들을 떠올려보면 좋겠다. 하나는 이 말이 가족의 민주적인 관계보다는 아버지를 중심으로 한 가족 구성원 사이의 위계를 표현하고 있다는 점이고, 다른 하나는 아버지(남성)의 생계 책임만을 중시하고 있어서 어머니(여성)의 돌봄 책임을 충분히 고려하지 못한다는 사실이다. 대안적인 이름은 가족 구성원 간의 차별을 지양하고 생계와 돌봄 책임을 같은 몫으로 인정하는 것이기를 바라본다.

08 좋은 군인·멋진 직장인·훌륭한 아버지

인기 드라마 〈태양의 후예〉 덕분에 한동안 '다나까' 말투가 유행했다. "보고 싶었지 말입니다." 그리고 예능 프로인 〈진짜 사나이〉는 연예인의 군대 체험기로, 연예인들이 낯선 상명하복 문화에 적응하고 힘든 훈련을 해내며 전우애를 쌓는 모습을 보여주고 있다. 지금 한국의 대중문화 속에서 군대 문화는 힘들지만 따라 하고 싶은, 긍정적인 것으로 읽힌다.

군에서 통용되는 군대 문화[18]가 우리의 일상에서는 어떻게 나타날까? 2014년 한 여자대학교의 생활체육과 신입생들은 과 선배들로부터 문자메시지를 받았다. '선배들에게 지켜야 할 사항'이었는데, 선배들이 보이면 달려가 인사할 것, 술 따르고 받을 때 FM(Field Manual, 군사용어로 원칙, 규범 등으로 통용됨), 선배들과 대화할 때 '다나까'만 사용, 반말 쓰라고 하신 선배님껜 예의를 지키는 선에서 하기 등이 그 내용이었다. 게다가 이러한 규칙은 학교 캠퍼스에서 2킬로미터 떨어진 지하철역까지 적용된다는 것이다.[19]

나이가 어떻게 되시나요?

TV 속 드라마나 예능 프로에서 보는 군대의 모습은 그리 낯설지 않다. 우리는 자주 신입생 오리엔테이션에서의 '얼차려' 소식을 접한다. 또한 학교, 각종 모임, 직장 등에서 나이나 직급에 따른 위계와 개인보다 집단을 더 중시하는 문화에 익숙하다.

한국 사람들이 사람들을 만나서 가장 먼저 묻는 질문이 나이다. 상대방의 나이를 알아야만 '언니/형 – 동생'으로 부르는 게 가능하고, 나이 위계에 따른 호명이 이뤄지는 순간 관계가 발생하기 때문이다. 김춘수의 〈꽃〉이런 시에서 "내가 너의 이름을 불러주었을 때 너는 나에게 와서 꽃이 되었다"는 것처럼, 나이에 따른 호명이 이뤄지는 순간 관계가 생긴다.

그런데 위아래를 따지는 문화는 바로 상명하복, 명령과 복종을 기본으로 하는 군대 문화에서 비롯된 것이다. 문제는 군대 문화가 군대를 벗어나 사회 원리로 작동하는 현실이다. 30여 년간 군사정권의 통치를 받은 징병제 국가인 한국은 군대의 원리가 곧 사회 원리가 되었다.

상명하복의 수직적 질서는 초등학교, 중학교, 고등학교에서도 예외가 아니다. 학생은 선생님의 말을 잘 들어야 모범생이다. 후배는 선배 말을 잘 듣고 선배가 시키는 대로 해야 학교 생활이 무사하다. 그리고 집에서도 아이들은 부모 말을 잘 들어야 착한 자녀다. 제자, 후배, 자녀의 명령 거부는 권위에 대한 도전이기 때문이다. 결국 군대의 상명하복 체계는 위아래를 잘 따져서 행동하는 질서 있는 사회 모습으로 확대되었다.

남자라면 마땅히

많은 사람들이 군사 문화의 문제점을 이야기한다. 그러나 그러한 군사 문화를 유지하고 강화하는 군대는 '폭력'의 온상인 동시에 '남자라면 거쳐야 할 통과의례'로 이야기된다. "남자는 군대에 가야 어른이 된다"는 말이 공공연한 상식처럼 통한다.

군대는 계급적 질서 속에서 극한의 훈련을 통해 전우애를 쌓는 곳이다. 남성들은 군대를 통해 자랑스러운 대한민국의 남성으로 태어난다. 또한 남성들은 군복무 경험을 통해 리더십, 조직 적응력, 인내심, 헌신 등을 체득한다. "군대 갔다 오면 철든다", "남자라면 모름지기 군대에 가야지" 하는 말은 군대가 새로운 한국 남성, 바로 철든 한국 남성을 만들어내는 역할을 하기 때문이다.

'철든' 한국 남성은 조직사회에 순응하며 가족을 부양할 책임감을 가진 남성을 의미한다. 그러나 남성들은 철이 들기 위해 군대의 상명하복의 위계 속에서 폭력과 힘든 훈련을 겪어내야 한다.

그런데 남성들은 군대에서 철만 드는 것이 아니라, 군사 문화에 젖어들기도 한다. 군대에서 제일 중요한 것은 계급적 위계질서에 따른 순응이다. 군대에서 상급자의 능력은 하급자들을 조직에 순응하도록 잘 다루는지 여부에 달려 있다. 남성들은 상급자들을 통해 하급자를 다루는 방법을 전수 받는다. 이는 남성성을 과장하는 방법인데, 주로 폭력과 맞닿아 있다.[20]

실제로 군대 내 폭력으로 인한 사건 사고를 많이 접한다. 윤 일병 사망 사건, GOP 총기 난사 사건, 각종 자살 사건 등이 그 예다. 그리고 이러한 사건에서 공통적으로 이야기되는 것이 바로 군대 내 폭력이 자행되었다는 사실이다.[21]

가해자로 지목된 선임병은 재판 과정에서 다음과 같이 말했다.

"나도 여기 왔을 때 선임이 나를 잘되라고 때려서 정신 차리고 할 수 있었다. (박 일병도) 잘되라고 때렸다."[22]

군대 내 폭력 문제가 발생할 때마다 우리는 폭력의 대물림을 본다. 폭력의 피해자에서 가해자가 되는 폭력의 순환 구조가 드러나는 것이다.

"구타가 굉장히 심합니다만, 말년에는 나가기 싫을 정도로 편한 생활을 했어요. '나 때는 (폭력) 더 심했어', 그런 말이나 하고 지내죠. 제대할 때쯤 되면 부대가 편하다는 생각이 들고… 과자 먹고 헬스하고 놀고… 서열 세 번째까지는 '열외'라고 해서 그동안 힘들었던 것을 다 보상해주는 그런 거라, 근무도 안 나가고 편하게 왕처럼 지내고 수발해주는 애들도 있고… 한두 달 차이까지는 안 때리고 대여섯 달 차이 나면 때리죠. 때리는 기수가 정해져 있어요, 허락받은 기수라고."[23]

남성들은 폭력을 당하면서 폭력을 배우며 '한국 남자'가 된다. 군대 내 상명하복의 위계를 통한 폭력의 습득은 개별 남성이나 군대만의 문제가 아니라 한국 사회 전반의 문제다. 군대의 서열주의와 폭력이 몸에 밴 남성들은 제대 후 직장에 취직해 위계적인 조직문화를 만든다. 군가산점제가 폐지될 때까지 공무원은 주로 남성이었고, 취업 시 군필 남성은 선호되고 군 경력이 임금에 반영되었다.[24] 그러다 보니 직장에는 군대 갔다 온 남성들의 군사 문화가 그대로 반영되어 있다.

한 예로 회사 신입사원들은 산행이나 무박 행군을 하며 회사가 요구하고 명령하는 일은 무엇이든 해낼 수 있다는 정신적·육체적

강건함을 증명해야 한다.[25] 직장에서 여성을 비롯한 군미필자들은 조직이 뭔지 잘 모르고 조직 생활을 잘 못하는 조직 내 주변인, 비주류가 된다. 소위 말해 사회생활을 모르는 직장인이 되는 것이다.

한국 사회의 전형적인 '남자'는 군대에선 '좋은 군인'이자, 회사에선 '멋진 직장인'이며, 집에서는 '훌륭한 아버지'의 모습이다. 그러나 그 '좋은', '멋진', '훌륭한'의 의미를 되짚어봐야 한다. 군대는 남자들을 위한 제2의 학교로 명명된다. 남성들은 군대에서 '진짜 사나이'로 재탄생된다. '진짜 사나이'는 상명하복의 위계적인 질서에 길들여진, 폭력에 무감각한 남성이다.

좋은 군인·멋진 직장인은 수직적인 위계질서에 잘 적응하고 자신의 위치에 따라 적절하게 대응할 줄 안다. 그래서 조직의 위계에 순응하며 '대'를 위해서는 '소'를 희생하는 걸 당연시한다. 훌륭한 아버지는 가장으로서 가족을 위해 생계를 부양한다. 가장은 가족을 대표하는 권위를 갖고 있기에, 아내와 자녀는 가장의 말을 잘 들어야 하고 가장은 가족들로부터 대접받아야 한다.

하지만 그렇게 '좋은' 군인·직장인·아버지가 되라고 모두에게 강요하고 강요받는 것이 당연한 일일까?

남성뿐 아니라 사회 전반에 배어 지나치게 익숙해서 그것이 문제인지조차 깨닫지 못하는 위계적이고 폭력적인 군사 문화/남성 문화.[26] 그것을 알아채는 것, 그리고 무엇이 문제인지 이야기하는 것, 지금 시작해야 하는 일이 아닐까?

09

운동장 사용기

영국의 한 초등학교 운동장

사진은 영국의 한 학교 운동장의 모습이다. 운동장에는 학생들이 다양한 활동을 할 수 있도록 그림이 그려져 있다.

반면 우리의 운동장은 사진으로 보여주지 않아도 머릿속에 쉽게 그 모습이 그려질 것이다.

넓은 공간 양쪽에 축구 골대가 있고, 한 켠에는 농구대가 있고 운동장 주변부로 철봉 등이 놓여 있다. 이러한 모습은 학교 운동장뿐 아니라 여느 운동장에 가도 마찬가지다. 도대체 운동장을 가장 많이 차지하는 가운데의 넓은 공간은 무엇을 위한, 누구를 위한 공간인가?

운동장, 제식훈련의 공간

우리의 운동장은 언제부터 이랬을까? 현재의 학교 모습은 일제 식민지 시기에 표준화되었다고 한다. 우선, 학교 면적의 2분의 1을 차지하면서 평탄하고 장애물이 없으며 장방형인 운동장이 있다. 한국의 학교는 정문으로 들어가면 넓은 운동장이 보이고 학교 건물이 보인다. 마치 군대 연병장과 같은 구조다.

일제 식민지 시기는 강병 육성에 초점을 두고 학교 운동장의 기본적인 시설과 공간을 획일화했다. 이 시기에는 체육 활동 내용도 군국주의 목적을 달성하기 위한 신체 단련이 강조되었다. '충량한

신민의 순종하는 신체 형성'을 목적으로 바른 자세와 규율 훈련을 특히 중시해 호령과 정렬로 대표되는 수업이 이뤄진 것이 바로 이 때부터다.

인천공립보통학교 1924(좌), 1939(우)[27]

해방 후 군사정권이 들어서면서 1960~1970년대 학교 교육에 대한 통제가 강화되었고, 일제 시기의 학교 운동장 기준은 그대로 이어졌다.[28] 1969년에 교련을 필수과목으로 하는 학생군사교육이 실시됨에 따라 남학생은 보병 기초 교육을, 여학생은 의무병 교육을 받았다.

학교 운동장이 일제 강점기와 군사정권기를 거치며 제식훈련을 위한 공간으로 활용된 역사는 현재 학교 운동장의 획일성과 정형화된 모습을 잘 설명해준다. 그리고 이렇게 한 가지 모습만 있는 학교 운동장은 학교 구성원들의 몸 활동의 다양성을 존중해주지 못한다.

그 대표적인 예가 운동장 사용에서 여학생이 소외당하는 주변화일 것이다. 운동장 중심에서 힘차게 뛰고 있는 이들은 남학생들이다. 이들은 운동장 전체를 오가며 축구를 하거나, 한 켠에 마련된 농구장에서 농구를 한다. 운동장에서 여학생들은 찾아보기 어렵다.

대개의 사람들은 운동장에 여학생이 보이지 않는 것은 여학생들이 운동을 좋아하지 않기 때문이라고 생각한다. 실제로 이러한 생각을 반영하듯, 남학생들은 신체 활동을 선호하며 체육 수업에 적극적으로 참여하지만 여학생들은 신체 활동에 대한 선호도가 낮고 학년이 올라갈수록 신체 활동이 급격히 줄어든다.

여학생들의 낮은 몸 활동은 여학생들의 건강에도 부정적인 영향을 미치고 있다. 초·중·고 여학생 비만율은 2006년 9.5%에서 2013년 13.9%로 증가 추세다. 주 1회 이상 규칙적으로 운동하는 여학생은 20.6%로, 남학생의 45.6%의 절반 이하 수준이다. 2016년 여학생 비만율은 초등학교 11.7%, 중학교 13.8%, 고등학교 18.8%로 학년이 올라갈수록 높게 나타난다. 상대적으로 남학생 비만율은 초등학교 17.4%, 중학교 18.5%, 고등학교 20.5%로 변화폭이 작다.[29]

운동장 공간에도 성별이 존재한다

정말 여학생들은 운동을 좋아하지 않을까? 여학생은 원래 남학생보다 활동적인 놀이나 운동을 덜 좋아한다는 게 맞는 말일까? 관련 연구들을 보면 의외의 결과가 드러난다. 여학교에 다니는 여학생이 남녀공학에 다니는 경우보다 체육 수업을 더 좋아한다는 것이다.[30] 이는 여학생들이 운동을 태생적으로 좋아하지 않는 것이 아니라 외부적인 영향이 크다는 걸 보여준다. 또한 여학생들은 남학생들의 놀림이나 몸 활동 참여 기회의 제한, 성별에 따른 역할 기대 때문에 체육 수업에 참여하는 것을 꺼린다고 한다.[31]

학교 체육 시간에 이뤄지는 성별에 따른 종목, 공간 배치는 이를 뒷받침한다. 대개 체육 교사는 남학생에게는 축구 같은 격렬한 운동을, 여학생에게는 배드민턴과 같이 좀 더 정적인 운동을 권한다. 아래 사례[32]는 고등학교 운동장이 남성과 여성에게 어떻게 다르게 활용되고 있는지를 잘 보여준다.

여학생들: 선생님! 축구해요!
체육교사: 안 돼. 너넨 발야구 해.

(남자반과 여자반이 합동수업이 된 상황에서) 자, 남자애들은 농구나 축구 하고, 여자애들은 여기 배드민턴 라켓 있으니까, 저기 그늘 가서 치고… 다 치지 말고. (다른 거 할래요) 그래? 그럼 피구하든지. 저기, 배구공 있다.
(남학생들이 축구를 하는 상황에서) 남자애들 축구하고 있으니까 너희들은 저기 3학년 교실 밑 그늘이나 위쪽으로 올라가서 다치지 말고 연습해.
(자율체육을 준 상황에서 몇몇 여학생들이 담당 체육 교사에게 와서) 샘, 축구하면 안 돼요? (남자 체육 교사) 왜? 하고 싶어서? 남자애들 하고 있잖아. 다쳐. (함께 있던 다른 남자 체육 교사가) 여자애가 무슨 축구냐(웃음).
(먼저 운동장에서 축구를 하던 10여 명의 여학생들이 다시 운동장 외곽으로 가면

서 왜 같이 안 하냐는 교사의 질문) 위험하잖아요. 다칠 것 같아서요. 얘네들은 공으로 맞추고도 미안하다고도 안 해요.

남학생은 농구나 축구를, 여학생은 좀 더 여성스러운 종목인 발야구, 피구, 배드민턴을 주로 한다. 남학생들은 학교 운동장의 중심에서 남성적인 운동을, 여학생들은 주변부에서 여성다움을 해치지 않는 운동을 한다. 남학생들은 운동을 통해 남성다움, 공격성, 적극성, 운동 능력을 키워나간다. 여학생들은 그러한 남성들과 비교해 소극적이며 운동 능력도 떨어지다 보니 학생들 사이에서 눈사람, 허수아비, 마네킹 등으로 불린다.

운동장 공간 사용을 자세히 들여다보면, 운동장 중심에는 남학생들이, 운동장 주변부에는 여학생들이 자리하고 있다. 성별에 따라 중심 혹은 주변으로 배치된다. 이는 여학생들의 운동장 중심에서의 배제 현상이라고도 말할 수 있을 것이다.[33] 그리고 운동장 같은 공적 공간에서의 성별에 따른 차별적인 배치는 여성의 운동에 부정적인 영향을 미친다.

그 결과 여학생들은 운동을 선천적으로 싫어하는 것처럼 인식되고, 그러한 인식은 고정관념이 되어 여학생들이 운동에 대한 긍정적인 경험을 갖기 어렵게 만든다. 여성의 몸 활동에 대한 성별 고정관념이 운동장 공간의 성별화를 낳고, 공간의 성별화는 다시 여성의 몸 활동을 제약한다. 악순환에 빠지는 것이다.

학교 체육 수업과 운동장의 모습이 변한다면 여학생/여성들의 몸 활동은 어떻게 될까? 우리 학생들이 영국의 운동장에 모여 있다면 어떤 모습으로, 어떤 운동을 하게 될까? 차별은 운동장에서 시작되고 있는지도 모른다.

2장

당당하게 얘기해

10

여성의 자위 vs. 남성의 자위

미국 '자위의 달' 캠페인 포스터

스웨덴의 성생활교육협회(RFSU)는 여성의 자위와 관련해 더 열린 대화가 필요하다며 여성의 자위를 칭하는 신조어 '클리트라(Klittra)'를 만들었다. 클리토리스(Klitoris, 음핵)와 글리트라(glittra, 반짝거리다)를 합성해 만든 단어로, 남성의 자위를 표현하는 말은 많은데 여성의 자위를 표현할 적당한 말은 없기 때문이다.

여성의 자위를 뜻하는 단어가 없는 건 한국도 마찬가지다. 국어사전에는 '용두질'이라고 자위를 뜻하는 표현이 나오는데, 여기서 자위의 주체는 남성이다. 용두질은 남성이 여성과의 육체적 결합 없이 자기의 생식기를 주무르거나 다른 물건으로 자극하여 성적 쾌감을 얻는 짓으로 풀이된다.

자위를 속되게 표현하는 말로 '딸딸이', '탁탁탁', '딸치기' 등이 있는데, 자위와 관련된 표현은 대부분 남성의 것이다. 다른 나라에서도 그러하듯 남성 자위는 영어로도 디들(diddle), 잭(jack off), 저크(jerk off), 웩(weck) 등 다양한 표현이 있다. 한국에 여성의 자위를 명명하는 말이 따로 없다는 것은 여성이 자위를 하지 않는다는 것을 의미할까?

자위할 자격

EBS 〈까칠남녀〉 '나 혼자 한다, 자위' 편에서 (2017년 5월 8일 방송)

한 패널은 당연히 매일 자위를 하며, 많을 때는 하루에 3~4번도 한다고 말해 방송을 보는 많은 사람들을 깜짝 놀라게 했다. 방송 후 미디어에서는 "자위 매일 한다", "하루 자위 3~4번 했다" 식의 제목이 달린 기사가 나왔다. 자위 가지고 왜 이리 호들갑을 떠나 싶겠지만, 자위가 기사화될 수 있었던 것은 자위를 한 사람이 남성이 아니라 여성이었기 때문이다. 왠지 자위에도 성별이 붙어 남성의 자위와 여성의 자위가 다르게 취급되는 듯하다.

우리는 학창 시절 성교육 시간에 '자위'란 말을 자주 접한다. 2차 성징이 나타나는 10대 시기에 성적 욕구가 생기고 이를 자위를 통해 해소하는 것은 자연스러운 현상이라고 말한다. 다만 자위만이 아니라 운동 등을 통해서도 성적 욕구를 발산할 수 있으니, 다양한 방식으로 욕구를 발산할 것을 권장한다. 심지어 10대 아이를 둔 부모들은 센스 있게 알아서 자녀 방에 티슈를 넣어주어야 한다고 말한다. 그만큼 10대에게 성적 욕구는 당연한 것이고, 그것을 해소하기 위해 자위를 하는 것도 인정된다. 성적 욕구를 갖는다고 해서, 자위를 한다고 해서 죄책감을 가질 이유가 없다.

이렇듯 한국 사회는 사춘기 때 자위를 자연스러운 것으로 받아들인다. 그러나 이 자위의 주체가 여성으로 바뀌면 인간의 성적 욕구와 자위는 자연스러운 것이 아니라 낯선 것으로 다가온다.

"자위가 만병통치약인데 자위하면 집중이 잘된다. 자위에는 왕도가 없으니 연습을 해야 한다. 여성의 자위법 브이, 클래식 클리, 질 입구 손 압박, 손가락 삽입, 바이브레이터 클리, 바이브레이터 질 입구 자위법"

위 내용은 퀴어 축제 '스튜디오 달큰쌉쌀' 부스의 『너 이렇게 즐겨보려무나 - 보지를 위한 쉬운 자위법』이란 책에 실린 것이다. 이 책의 내용과 판매를 놓고 시민들의 왕래가 많은 공적 공간에서 버젓이 음란물을 판매했다는 비난 기사가 나왔다.

많은 사람들은 '여성이 자위를 한다'는 사실을 낯설어한다. 마치 세상에 없는 말이거나, 나쁜 짓을 뜻하는 금기어처럼 말이다. 그래서 여성의 자위법을 소개한 책은 음란물로 여겨지기까지 한다. 혹자는 이렇게 되물을 것이다. "여자도 자위를 해요?" 이 물음은 '여성도 성적 욕구를 느끼는가?', 더 나아가 '여성도 성적 주체인가?'를 묻는 질문이기도 하다.

그렇다면 여성은 자위를 하는가? 한 국외 연구에 따르면 남성의 94%, 여성의 85%가 자위를 한다. 하지만 한국의 여성들이 얼마나 자위를 하는지 알 수 있는 통계 자료는 없다.[34] 그저 미뤄 짐작만 할 뿐이다. 필자인 나부터도 '자위를 한다, 안 한다'고 답하기 어렵다. 답하기 어려운 이유는 그것이 프라이버시에 대한 것이기도 하지만, 무엇보다도 자위 여부에 대한 답이 내게 미칠 영향 때문이다. 많은 사람들은 내가 자위를 한다고 하면 나를 '밝히는 여자', '쉬운 여자'

등으로 호명할 것이다. 한국 사회에서 여성이 성적 욕망을 이야기하는 것은 여성 개인에게 위험하다.

말할 수 없는 여성의 욕망

한국 사회에서 여성은 남성의 성적 욕망을 충족시켜주는 성적 대상으로, 성적으로 무지해야 한다. 여성은 남자를 만나, 비로소 남자를 통해서 성적 욕구에 점점 눈을 뜨고 성적 실천을 해나갈 수 있다.

10대 여성들이 숱하게 접해온 할리퀸이나 인터넷 소설, 팬픽 등과 같은 로맨스물은 대개 순진한 여성이 세속적이고 경험 많은 남성에 의해 성적 쾌락을 발견하게 되는 것이 주요 내용이다.[35] 여성들은 이러한 작품들을 통해 수동적인 성을 수용한다. 그에 반해 남성들은 성적 주체로서 다양한 성적 욕망을 드러내며 포르노 등을 통해 남성들 간에 다양한 성적 판타지를 공유하고 키워나간다. 남성들은 다다익선(많을수록 좋은 것), 여성들은 소소익선(적을수록 좋은 것). 이것이 바로 남녀에게 다르게 적용되는 성이다.

여성에 대한 정형화된 틀은 여성은 성적 욕구를 가지고 있지 않다/성적 욕구를 드러내선 안 된다는 것이다. 이 틀 속에서는 여성이 성적 주체가 되고자 하는 행위들은 비정상적인, 무언가 잘못된 것이 된다. 덴마크의 공주 마리 보나파르트는 1920년대에 자위행위를 고치기 위해 클리토리스 절제 수술을 받은 최초의 여성 중 한 명이었다. 당시 유행했던 프로이트의 정신분석학에 따르면, 여성은 남성과의 성관계를 통해 오르가슴을 느껴야만 진정한 여성이 될 수 있었다. 자위를 통한 성적 욕구의 표출은 미성숙한 여성이라는 것을 드러내는 것이었으므로, 여자에게 자위는 금기였다.

마찬가지로 여성의 자위가 금기시되는 한국에서 여성들은 자신의 성적 욕구를 쉽게 드러낼 수 없다. 욕구를 말하는 순간, 이상한 사람이 된다. 그래서 여성들은 성과 관련해 아무것도 모른다/모르는 척한다. 많은 여성들은 자신의 자위를 말하지 않는다. 같은 동성끼리도 이야기하지 않는다. 여성의 자위는 여전히 금기의 영역이고, 금기이기에 여성의 자위는 죄책감을 유발한다.

인간의 성적 욕구는 너무도 당연한 것이라 남자라면 모두 자위를 한다고 생각한다면, 여성 또한 자위를 하는 게 당연한 논리적 귀결이 아닐까? 실제 여성들이 얼마나 자위를 하는지 여부를 떠나서 말이다. 그러나 많은 이들은 여성이 성적 욕구를 가지고 있다는 것을 궁금해하지 않는다. 중요한 것은 여성이 아니라 바로 남성의 성적 욕구다. 그런 성 문화에 길들여진 많은 여성들은 실제 자신의 성적 욕구를 알아채지 못하기도 한다.

미국의 심리학자 줄리아 하이만(Julia Heiman)은 남녀의 성욕에 대한 연구를 통해 이러한 사실을 확인했다.[36] 실험 대상 남녀에게 4개의 녹음을 들려주고 어떤 내용에서 가장 성욕을 많이 느끼는지를 실험했다. 첫 번째 녹음은 남녀의 성관계 장면을 자세히 담고 있고, 두 번째는 남녀 간의 낭만적 사랑 이야기를, 세 번째는 첫 번째와 두 번째를 절충해 적당히 야하고 적당히 낭만적인 내용을, 네 번째는 남녀의 일상적이고 평범한 대화 내용을 담았다.

남녀의 성욕 측정은 녹음을 듣고 성욕을 느꼈는지 여부를 자기 보고식으로 기록하게 하는 것과 함께 성기의 가장 민감한 부분에 측정 기구를 부착해서 이뤄졌다. 연구 결과, 대부분의 남성과 여성은 성관계에 대해 다루는 첫 번째와 세 번째 녹음을 듣고 가장 많이 흥분한 것으로 나타났다.

그런데 흥미로운 점은 여성의 경우 50% 정도가 자신의 신체적 흥분을 전혀 알아채지 못해 자기 보고와 객관적인 측정 기구의 결과가 일치하지 않았다는 것이다. 물론 여성은 남성처럼 성적 흥분 정도를 분명하게 눈으로 확인할 수 없다는 한계를 갖고 있다. 그러한 한계에도 불구하고 이러한 결과는 여성의 성적 욕구에 대한 사회적 억압을 보여주는 것이기도 하다.

여성은 성적인 욕구를 드러내지 않기를 기대 받는 사회에서 성욕을 실험하는 실험 공간에서조차도 자신의 성욕을 드러내지 못했을 가능성이 높다. 또는 자신의 몸이 보이는 성적인 반응을 성적 욕구로 읽어내지 못했다고도 할 수 있다.

성 또한 사회의 산물로서 한국 사회가 남성의 성과 여성의 성을 다르게 다루는 한, 인간이라면 누구나 가지고 있다는 자연스러운 성적 욕구가 남자에게는 있고 여자에게는 없다고 이야기될 것이다.
여성이 성적 욕구를 드러낼 수 없는 곳에서 여성은 성적 주체가 될
수 없다.

우리에게도 스웨덴의 여성 자위를 뜻하는 '클리트라'와 같은 말이
필요하지 않을까? 언어가 없으니, 보이지도 않고 말하기도 어렵다.

11

콘돔, 그게 뭐예요

몇 년 전 0.02밀리미터 두께의 초박형 콘돔이 개발되었다는 뉴스가 보도된 적이 있다. 기술이 발달함에 따라 콘돔의 두께는 더욱 얇아지고 착용감뿐 아니라 안전성과 편의성도 좋아지고 있다. 최근에는 하이드로겔로 콘돔을 만들어 성감을 높이는 등, 콘돔은 계속 진화하고 있다.

피임에 대한 상식과 현실 사이

콘돔은 피임과 함께 성병까지 예방할 수 있는 아주 효과적인 피임 도구로 인정받는다. 모두가 아는 상식이다. 그런데 한국은

OECD 국가 중 피임 실천율이 최하위인 만큼, 낙태율도 최상위다.[37] 이를 반영하듯 현재 국내 콘돔 사용률(만 18~69세 성인 남성)은 11.5%에 그치고 있다. 그렇다면 한국 남성들에게 콘돔 사용 말고 뭔가 다른 피임 묘책이 있는가?

현재 남성이 할 수 있는 피임은 콘돔과 정관수술뿐이다. 남성들이 콘돔을 사용하지 않는 이유는 성감이 떨어지고 불편하기 때문이다. 그리고 '남성의 정력에 부정적인 영향을 준다'는, 근거는 없지만 정설처럼 이야기되는 정관수술 또한 대다수의 남성들이 기피하고 있다.

한국에서 주로 하고 있는 피임법은 무엇일까? 남성이 하는 피임법은 피임법이 아닌데도 많은 한국 남성들이 피임법이라고 믿는 질외사정(체외사정)이다. 그렇지 않으면 여성이 피임약을 먹거나 피임기구를 시술받거나 한다.[38]

누가 되었든 간에 피임을 하면 되지 않는가? 남녀가 뭐 그렇게 중요하냐고 생각할 수 있다. 그러나 한국의 낮은 콘돔 사용률은 여성들이 성관계 시 남성에게 콘돔 사용을 요구하지 않는다/못한다는 뜻이기도 하다.

2010년 보건복지부가 실시한 인공임신중절 실태 조사 결과에 따르면 가임기 여성(15~44세)의 인공임신중절률은 15.8%이고, 경험률은 29.6%라고 한다. 여성 10명 중에 3명은 인공임신중절 경험이 있다는 말이다. 특이한 것은 10대를 제외한 전 연령대에서 고른 인공임신중절률을 보인다는 점이다(20대 19.4%, 30대 18.8%, 40대 15.5%, 10대 1.7%). 게다가 인공임신중절의 50.3%는 원하지 않는 임신과 미혼이 원인이다(원하지 않는 임신 35.0%, 경제적 사정 16.4%, 태아의 건강 문제 15.9%, 미혼 15.3% 등).

높은 인공임신중절 경험률과 전 연령대의 고른 임신중절률은 한국에서 임신중절이 피임법의 하나로 이용되고 있는 현실을 그대로 반영하고 있다고 해도 과언이 아니다. 인공임신중절은 피임만 제대로 되어도 크게 줄어들 것이다. 그러나 현재 한국에선 성관계 전에 피임이 이뤄지지 않는다.

한국 여성들은 남성에게 성관계 시 피임을 적극적으로 요구하지 못한다. 어쩌면 한국 여성들은 '피임을 알면서도 못하고' 있는 상태인지도 모른다. 손바닥에 콘돔을 쥐고 있어도 그것을 남성 성기에 끼울 수 있는 힘을 갖고 있지 않다. 그리고 피임을 할 수 없기에 임신에 대한 선택권도 가지고 있지 않다.

과학기술이 눈부시게 발달하고 있는 21세기에 어떻게 피임 문제가 여전히 난제일까 싶을 것이다. 도대체 과학자들은 뭘 하는가 말이다. 우주여행을 하고 우주식민지를 건설한다는데 피임 문제 하나 해결하지 못하는 건 이상하지 않은가? 그러나 우리가 모르고 있었을 뿐, 남성 피임약은 계속 개발되어 발전을 거듭하고 있다. 문제는 상용화되어 시판되고 있지 않다는 것이다.

남성 피임약, 기술이 아닌 권력의 문제

남성 피임약은 1970년대부터 개발되어왔다고 한다. 남성 피임약 개발의 흐름을 살펴본다면, 초기 남성 피임약 개발은 여성 피임약 및 피임 도구처럼 호르몬을 조절하는 데 초점이 맞춰졌다. 그래서 남성호르몬인 테스토스테론을 알약, 패치, 주사 등으로 투여해 호르몬을 조절함으로써 피임 효과를 높였다. 그러나 호르몬 조절법은 우울증과 구토 증세, 감정 기복 등 각종 부작용을 낳아 더 이상 개발되지 않고 중단되었다.

그런데 여성들의 피임법은 모두 호르몬 조절법으로, 여성들은 경구피임약, 패치나 기구 삽입 등을 통해 호르몬을 조절해 피임하고 있고, 그로 인한 다양한 부작용을 겪고 있다.[39]

이후 남성 피임약 개발은 호르몬 조절이 아닌 방식으로 진전되었고, 다양한 성과들이 나오고 있다. 2016년, 영국 울버햄튼 (Wolverhampton)대학과 포르투갈 아베이루(Aveiro)대학 공동 연구팀은 정자의 움직임을 일시적으로 정지시켜 난자와의 수정을 차단하는 획기적인 신물질을 개발했다.

이 물질은 정자 속으로 숨어 들어가 정자가 헤엄치는 데 사용하는 꼬리의 움직임을 일시적으로 정지시켜 수정이 불가능하게 하는 것으로, 성관계 몇 시간 전 또는 불과 몇 분 전에만 투여해도 효과가 있다. 2017년에 개발된 바살젤(Vasalgel)은 남성에게 주입하는 젤

타입의 피임약으로, 젤로 정관을 막아 정자를 제외한 정액만 체외로 배출시켜 정관수술을 한 것과 같은 효과를 볼 수 있다. 바살젤을 녹이는 주사만 맞으면 피임 전 상태로 되돌릴 수 있다.

이렇게 다양한 남성 피임약이 개발되고 있지만 시판되는 것은 하나도 없다. 인터넷에서 '남성 피임약'을 검색해보면 1990년대의 신문기사에서도 몇 년만 있으면 남성 피임약이 시판될 것이라는 내용을 접할 수 있다. 그러나 2017년 현재, 여전히 남성 피임약은 시판되지 않고 있다.

분명한 것은 남성 피임약을 개발하지 못해서 남성 피임약이 나오지 않는 게 아니라는 것이다. 여기에는 남성의 거부와 기업의 이익 논리가 결합되어 있다. 제약회사는 '과연 남성 피임약을 상용화한다면 남성들이 살까?'를 고려한다. 물론 남성들이 많이 사용할 것이라 예상했다면 몸에 미치는 부작용보다는 수익을 생각해 상용화해냈을 것이다. 비아그라처럼 말이다. 비아그라 사용의 부작용에 대해서는 수없이 언급되고 있고 실제 비아그라를 사용하다 목숨을 잃는 경우도 많지만, 비아그라는 여전히 잘 팔리고 있지 않은가?

과연 남성들은 피임약이 상용화되면 구입할까? 지금과 같이 피임에 대한 책임이 온전히 여성에게 있다면, 콘돔처럼 낮은 이용률을 보이지 않을까? 남성들이 성관계 시 피임을 하지 않는 한, 우리가 피임과 관련해 이르는 결론은 '피임은 기술이 문제가 아니라 권력의 문제'라는 것이다.

피임이 권력의 문제가 아니라 기술의 문제가 될 때는 남녀 간에 상호 피임(Dual protection)이 이뤄지지 않을까?

상호 피임은 관계에 동참하는 두 사람이 모두 각자 몸에 맞는 피임법을 실천하는 것을 말한다. 각각의 피임법이 각자의 몸에 미치는 영향을 같이 얘기하고, 서로의 몸에 부작용이 적은 피임법을 찾거나, 혼자서만 피임하는 게 억울하다고 생각하면 번갈아가면서 피임하며 상대방의 몸과 즐거움도 존중하거나, 불안한 섹스가 아닌 좀 더 안전한 섹스를 원한다면 동시에 2중, 3중의 피임을 하는 등 상호 피임의 방법은 다양하다.

상대가 피임에 무감하다면, 내 몸은 소중한 만큼 내가 상대에게 내 몸의 소중함을 일깨워야 한다. 그런데도 피임에 안이하게 대처한다면, 세상엔 남자도 많고 여자도 많다는 사실을 기억하길!

12

즐거운 성을 내 삶에 초대하는 방법

덴마크의 어린이용 성교육 영상 자료

위 그림은 섹스스마트필름(Sex Smart Films)에서 2009년 제작한 『진짜 아기가 만들어지는 방법(The True Story of How Babies Are Made)』이라는 어린이용 성교육 영상 중 일부다. 놀라운 건 이 영상의 원본이 된 성교육 도서가 출판된 지 50년 가까이 되었다는 사실이다. 이 책의 원제는 '아이는 어떻게 생기나요?(Sådan får man et barn)'로 1971년 덴마크의 교사 퍼 홀름 크누센(Per Holm Knudsen)이 지었다. 삽입 섹스, 수정과 착상, 9개월의 기다림과 아이의 탄생, 그리고 탄생 이후 '모두가 동참하는 육아'까지, '아이가 생기는 전 과정'을 망라했다. 이 책은 미국(1973), 영국(1975), 일본(1982), 독일(2008), 아이슬란드(2010) 등에서 번역·발간될 정도로 어린이 성교육의 기본서로 여겨진다. 우리에겐 아직도 낯선데도 말이다.

한국에만 오면 19금이 되는 마법

여성과 남성의 벗은 몸이 포개져 있는 모습, 생식기 둘레에 난 털을 포함해서 성기의 적나라한 묘사, 이성애 섹스의 성기 결합 장면, 섹스의 부분적 결과로서의 임신과 출산, 엄마의 질 입구에서 세상에 나올 준비를 하는 아이에 이르기까지, 40여 년 전에 어느 나라 사람들은 학교에서 배웠을 이 그림이 우리에게는 아직도 19금처럼 느껴진다. 성은 드러내 말하는 것이 아니라 감추는 것이라고 알고 있기 때문이다. 그 결과 한국 사회는 네이버 지식인에서 곤혹스러운 질문과 마주하게 되었다.

"비닐봉지로 피임했는데 임신 안 됐겠죠?"

"몇 주 전에 비닐 랩으로 싸고 한 적 있거든요? 여자친구가 그만하자고 해서 싸지도 않고 끝냈는데 임신할 일은 없죠?"

10대 청소년 지원 단체에서 일하는 활동가는 콘돔을 구하지 못한 10대가 애인과 섹스를 하기 위해 선택한 건 비닐봉지와 랩이라고 설명했다. "콘돔은 비싸고 고등학생이 막 사기도 부끄러운데 피임을 안 하기엔 임신이 걱정되니까"라는 것이 그들이 안전하지 않은 섹스를 하게 되는 이유였다.

2005년 보건복지부가 매년 실시하는 청소년건강행태온라인조사를 보면 청소년의 섹스 경향을 파악할 수 있다. 이성과 동성을 포함해서 성관계 경험을 물었을 때 '있다'고 답한 비율은 남학생은 6.3%, 여학생은 2.8%(2016년)로 나타났다. 2015년 조사에서는 남학생 7.0% 여학생 2.8%, 2014년에는 남학생 7.3%, 여학생 3.2%였는데, 대략적으로 남학생은 7%, 여학생은 3% 내외로 섹스 경험이 있는 것을 알 수 있다. 중학생보다는 고등학생이, 여학생보다는 남학생이 성 경험이 있는 것으로 나타나며, 이들의 피임 실천율은 50% 미만에 머문다.

청소년이 섹스를 한다는 건 그리 놀라운 일이 아니다. 태어난 이래에 성에 대한 관심이 가장 커지는 시기이자, 온오프라인에서의 거침없는 성적 자극을 소화시키는 데 어려움을 겪는 시기이며, 구체적인 몸의 변화가 오는 시기이기 때문이다.

그러니 우리가 놀라야 하는 건 그들이 섹스를 한다는 사실이 아니라, 그들에게 안전하고 즐거운 섹스를 가르쳐줄 사람이 거의 없으며, 그 결과 피임 실천율이 절반 이하라는 사실이어야 한다. 어릴 때부터 몸에 대한 질문을 꾸준히 던져왔겠지만 적절히 답할 수 있는 사람을 만나지 못한 '우리들'은 그 상태로 섹스라는 걸 경험하고, 그렇게 성인이 되었으며, 과거의 어른들이 그랬듯이 성에 대해 답하지 못하는 어른이 되었다.

도대체 섹스가 무엇이길래?

아기는 어떻게 생기나요?

"아기는 어떻게 생기나요?" 초등학교에 들어가기 전 부모들이 듣게 되는 이 질문을 부모들은 저마다의 방법을 동원해서 난감한 상황에 대처한다. 부모의 입에서 섹스, 오르가슴, 발기, 삽입, 사정 등의 이야기가 나오기를 기대하는 건 무리다. 부모는 그 말을 입에 올린 적이 (아마도) 없을 것이다.

내 기억에 엄마는 매번 다리 밑에서 주워 왔다고 하셨다. 어른이 되어 동음이의어인 '다리'의 의미를 떠올리면서 전혀 틀린 말은 아니라며 혼자 끄덕였으나, 정작 다리(leg)와 다리(bridge)를 연결해주는 성교육은 엄마에게도, 그리고 내 생애에도 없었다. 그리고 나만의 특수한 경험은 아닌 듯하다. 한국 사회에서 성이 은밀하고 감추어야 하는 어떤 것으로 회자되고, 몰래 홀로 터득해야 하는 기술 같은 것이 되어버린 건 어제오늘 일이 아니기 때문이다.

성에 대해 말하기를 시작하더라도 아기 출산과 연결된 성만을 간신히 이야기할 뿐인 데다, 생식과 연결되지 않은 성은 (일면 무책임하고) 쾌락을 추구하는 금기처럼 회자되곤 한다. 성은 생식이자 즐거움이며 쾌락이지만, 즐거움과 쾌락은 지워내는 모양새다. 심지어 추구해서는 안 되는 그릇된 세상의 영역으로 떠밀려버린다. 정작 즐거움을 빼면 앙꼬 없는 찐빵인 성을 이렇게 오랜 시간 내버려두었다.

처음 만나는 성

곰곰이 생각해보면, 우리는 섹스하는 방법을 배운 적이 없다. 본능처럼 여겨지기도 하고, 또 학교에서 배울 만한 것이 아니라고 여겨지기도 한다. 덕분에 배운 것 없는 우리들이 서로가 즐거운 섹스를 할 확률도 현격히 낮아졌다. 반대로 서로가 즐겁지 않은 섹스가 만연하고 '성폭력'이 섹스라는 이름으로 회자되기도 한다. '생식교육' 아니면 '성폭력예방교육'의 형태로 성을 배우면 성은 즐거움이기 어렵다. 도대체 즐거운 성이란 무엇인지 알 방도가 없는 것이다.

이런 경로를 통해 우리는 성을 안전하게 만들어주는 유일한 공간으로 '결혼'을 상정하며 성적 권리는 그 안에서만 온전히 보장되는 것처럼(보장되어야 하는 것처럼) 굳어졌다. (하지만 성이 결혼한 사람들만 즐기는 어떤 것이 아니라는 건 분명하지 않은가.)

생식교육과 성폭력예방교육이 '공식적으로' 성을 만나는 경로라면, '비공식적으로' 성을 만나는 경로는 훨씬 다채롭고 광활하며 일상적이다. 포털 사이트의 기사를 몇 번 경유하다 보면 컴퓨터 화면에는 온갖 성적 이미지와 피스톤 운동을 하는 피사체들과 마주하게 된다. 온라인 커뮤니티에는 헤아릴 수 없을 만큼 많은 '야동'이 돌아다니며, 유튜브에서 떠도는 섹스와 관련된 동영상들이 내 의지와 무관하게 눈에 들어오는 세상이다. 아무도 입 밖으로 설명해주지 않는 '섹스'를 이런 공간을 통해 배우는 것이다. 혼자 이불 속에서 플레이 버튼을 누르면서, 상상 속의 상대와 마주하면서, 허상인지 실제일지 모를 상상을 재현한 미디어를 통해서 말이다.

상상과 실제 사이의 간격은 생각보다 크다. 우리는 성을 (공식적으로) 생식의 문제로 배웠는데, 비공식적인 정보들은 성을 쾌락이라고 이야기하고 있기 때문이다. 전자에는 쾌락이 없고 후자에는 피임, 존엄, 관계에 대한 이야기가 없다.

섹스는 몸으로 하는 대화이고, 그 속에서 즐거움이나 쾌락이라는 말과 어우러질 수 있다. 드라마나 영화에서 배우들이 서로의 마음을 확인하며 키스를 나누거나 애무하는 장면을 보고 발견해야 할 것은 남자 배우의 시선 처리나 손의 위치라든가 여자 배우의 표정이 아니라 그들이 나누는 대화여야 하고, 사랑의 마음이어야 한다. (그렇다고 너무 낭만화하지는 말자. 그것 또한 상상이니까.)

성은 관계의 윤리이고, 서로의 관계에 대한 사유와 서로를 돌본다는 감각 없이 행위로만 이해될 때 '폭력'과 연결되기 쉽다. 그러면 우리는 어떻게 성을 이야기하고, 관계를 이야기하고, 즐거움과 쾌락, 그리고 생식에 대해 이야기할 수 있을까? 교육부가 내놓은 성교육 표준안을 보면 그 가능성이 너무 낮아 보이지만, 다른 나라의 사례를 통해 상상해볼 수는 있겠다.

2015년 노르웨이 국영방송 NRK TV 과학 전문 프로그램인 〈뉴턴(Newton)〉이 제작한 아동용 성교육 프로그램 〈사춘기(Pubertet)〉 8부작에는 여성과 남성의 몸이 등장한다. 생리혈과 털, 성기의 모양을 보여주며, 있는 그대로 차이를 마주하는 방법을 익히도록 제작됐다.

하지만 아이들의 눈높이에 맞춰 잘 만들어진 이 성교육 영상이 한국에서 19금 영상으로 분류되고, 온라인 남초 커뮤니티에서 포르노처럼 소비되고 있는 것은 절망적이다. 언제쯤 우리는 성교육 자료와 성교육 영상들을 진지하고 즐겁게, 음란하지만 위험하지 않게 받아들일 수 있을까? 그 질문을 모두에게 던져볼 시간이다.

13 　　　　　　　　　보지 않을 권리[40]

　K는 최근 불거진 이슈에 대해 좀 더 알고 싶어 컴퓨터 앞에 앉았다. 먼저 다음이나 네이버 같은 포털 사이트를 열고 검색창에 검색어를 입력한다. 비슷비슷한 제목의 기사가 여럿 올라와 있고, 그중 하나를 클릭해서 읽어본다. 그러고 나서 다른 내용의 기사를 더 찾기 위해 꽤나 조심해서 스크롤을 내린 후, 원하는 제목을 정확하게 클릭한다. 그렇게 몇 번, 기사를 검색해서 읽어보고는 안심하듯 검색창을 모두 닫는다.

　K는 몇 번의 경험 때문에 인터넷 기사를 볼 때마다 조심스럽다. 기사와 제목 말고 잘못해서 다른 곳을 클릭하면 수많은 팝업창이 뜨는데, 팝업창의 내용은 주변에서 누가 볼까 봐 민망한 내용들이 대부분이다. 누구나 한 번쯤 겪어봤을 법한 경험이다.

안 보면 되지, 뭘 그래?

한국과 미국의 언론사 인터넷 페이지

위의 사진은 한국과 미국의 인터넷 언론 사이트다. 두 사진의 차이는 무엇일까?

인터넷에서 기사를 검색하고 기사를 읽기 위해 몇 번 클릭하다 보면 자극적인 이미지와 문구로 도배된 광고들을 쉽게 접하게 된다. 광고 문구들의 내용은 이렇다. '남편에게 사랑받는 속 좁은 여자의 비법', '하루 5분의 기적, 남편이 잠을 안 재워', '발기 효과 죽인다, ○○ 정력제', '교수와 여제자 간밤에 무슨 일이?!', '이혼녀와 이혼남의 발칙한 상상', '성인 여자 사로잡는 비법 대방출'. 자극적인 성적 문구를 내세운 낚시성 광고다. 이러한 광고는 인터넷 신문에는 아무런 제재 없이 여기저기 배치되어 있을 뿐 아니라, 심지어는 기사인지 광고인지 구분이 안 갈 정도다.

요즘은 광고 배치 기술의 발달로 이용자가 주로 이용하는 사이트의 광고가 기사를 검색해서 읽을 때마다 따라붙는다. 그런데 대개는 인터넷 언론의 선정적인 광고에 대해 별말이 없다. 이런 광고에 너무 익숙해져서 문제라고 인식조차 못하는 상황이다. 그리고 문제라고 생각해도 일상화된 광고를 무기력하게 보고만 있다. "나만 그런가. 다른 사람들은 괜찮은가 보지" 하고 말이다.

그런데 슬그머니 따라 나오는 선정적인 광고에 등장하는 대상은 거의 다 여성이고, 그 여성들은 대부분 벗고 있다.

기사를 검색하는 여성인 나는 그런 광고들이 불쾌하다. 나와 같은 몸을 한 여성이 성적 대상화되는 것이 싫다. 그런 선정적인 광고는 보지 않고 원하는 기사만 보고 싶다. 불쾌하게 만드는 광고에 문제를 제기할 수는 없을까? 어쩌면 인터넷 공간에서의 선정적인 광고와 문구는 보지 않을 권리를 침해하고 있는 것이 아닐까?

보통은 선정적인 광고들이 싫기도 하고 몇 번의 클릭 경험으로 어떤 사이트로 연결되는지 알고 있어서 광고들을 일부러 클릭하지는 않는다. 그러면 이 광고를 누가 클릭할까? 그리고 클릭하면 어디에 이르게 되는 것일까? 성에 대한 호기심이 많은 어린아 10대들은 이 광고들을 쉬이 지나치지 못한다. 그들은 광고를 클릭하다가 포르노, 게임, 도박 등의 사이트를 접하게 되고, 포르노를 보게 된다.

요즘에는 절반 이상의 아이들이 초등학교 4~6학년 때 처음 포르노를 접한다.[41] 이미 초등학교 고학년들은 스마트폰을 통해 포르노를 쉽게 접하고 있다. 아이들은 포르노를 보다 보면 계속 보게 되고 점점 빠져들게 되어 빠져나오기 어렵다고 말한다. 그리고 포르노에서 본 대로 해보고 싶다고 한다.[42] 성인들만이 아니라 초등학생들도 카카오톡 메신저로 포르노를 수시로 주고받는다. 남자아이들끼리는 여자아이들을 대상으로 '맛있겠다', '따먹겠다' 등의 이야기를 한다. 스마트폰에 포르노 영상을 많이 가진 아이가 아이들 사이에서는 영웅으로 불린다.

볼 권리에 앞서는 보지 않을 권리

인터넷 음란물 콘텐츠가 청소년/성인의 성 인식에 부정적일 뿐 아니라 청소년/성인 성범죄를 야기한다는 사실은 누구나 알고 있다. 그러나 해법은 쉽지 않다. 포르노(우리나라에서는 포르노를 야한 동영상의 줄임말로 '야동'이라고 부른다. 그러나 야동은 다른 동영상보다 좀 더 야한 동영상일 뿐이란 의미로 읽혀 포르노에 허용적인 문화를 만들어낸다)에 대한 이야기를 하면, '음란물' vs. '표현의 자유' 논쟁이 뜨겁다. 포르노를 찬성하는 이들은 인간의 성적 쾌락과 욕망의 표현이라고 이야기하고,

포르노의 유해성을 지적하는 이들은 현재의 포르노가 남성의 시선에서 여성의 몸을 대상화하고 분절화해 성적으로 도구화함으로써 결과적으로 여성에 대한 왜곡된 인식을 낳는다고 말한다.

문제는 유해성과 표현의 자유 논쟁이 계속되는 와중에, 지금도 많은 아이들/성인들이 기사를 검색하다가 선정적인 광고나 문구를 클릭한다는 점이다. 아이들/성인들은 자신이 찾고 싶은 정보에 접근하기 위해 숱한 고비를 넘겨야 한다.

이런 민망한 화면을 보지 않을 가장 확실한 방법은 아예 인터넷 기사를 검색하지 않는 방법밖에 없는지도 모른다. 그렇게 보면 인터넷상의 흘러넘치는 선정적인 광고나 문구는 아이들의 '정보 접근권'을 제한하는 셈이다. (UN아동권리협약 17조는 아동의 사회적·정신적·도덕적 복지와 신체적·정신적 건강 향상을 목적으로 하는 정보와 자료에 대한 접근권을 보장하고 있다.[43])

아이들이 인터넷 환경에서 방해받지 않고 온전히 자신이 원하는 정보를 취할 수 있는 권리, 이것은 보지 않을 권리이기도 하다. 내가 원하지 않는 선정적인 광고를 보지 않을 권리는 청소년에게만 해당되는 것이 아니다. 성인들 또한 보고 싶지 않은 광고로 스트레스를 받기 때문이다.

일본에서는 '보지 않을 자유의 보장'이란 관점에서 인터넷 환경에서 성적으로 미성숙한 청소년을 보호한다. 그리고 성인에게도 원하지 않는 음란물에 노출되거나 성적으로 자극받지 않을 자유를 보장하고 있다. 보지 않을 권리란 정보 이용자가 원치 않는 선정적인 광고나 문구로 인해 침해받는 정보 이용 권리를 보장하는 것이다.

"아, 또야?", "이 광고 어떻게 좀 안 되나?", "언론사도 먹고살아야 하는 건 알지만 너무하네", "지겹게 따라오네" 등등 탄식만 할 게 아니라, 인터넷 유해 환경에 의해 침해당하는 '권리'의 문제로 보는 건 어떨까?

적극적인 소비자운동의 하나로 불매운동을 펼치는 것처럼, 유해한 인터넷 언론 안 보기와 같은 '안 보기 운동'을 할 수도 있다. 인터넷 언론이 수익을 이야기하며 부적절한 광고들을 배치할 때, 언론 매체가 지녀야 하는 공공성을 일깨울 수 있을 것이다.

비흡연자의 권리를 흡연권보다 존중하는 것이 공공의 이익에 더 효과적이라는 사회적 합의와 공감대처럼, '표현할 권리/볼 권리'에 앞서는(혹은 동등하게) '보지 않을 권리'라는 정보 이용자에 대한 권리의 보장 또한 필요할 것이다.

SNS를 통해 포르노를 공유하는 대신, '보지 않을 권리'를 서로 공유하고 이야기하는 것은 지나친 상상일까?

누구에게 하는 욕일까

"어제 하루 단 한 번도 욕을 하지 않았다는 사람 손 들어볼까요?"

어느 고등학교 교실에서, 이 질문에 손을 든 학생은 아무도 없었다. 인터뷰에 응한 학생들은 욕이 무의식적으로 튀어나오기도 하고, 친밀감의 표현이라고도 했다.[44]

대화 중간중간에 버릇처럼 욕을 섞는 것은 청소년들만이 아니다. 성인 역시 적지 않은 사람들이 "×발, ○같다"는 말을 수식어나 감탄사처럼 때와 장소에 상관없이 사용한다. ×와 ○라는 기호로 감추어도 저 문장을 단번에 이해하는 것은 그 표현이 일상적이기 때문일 것이다.

이런 욕의 일상화에 대해 김정선과 윤영민은 2000년대 조폭 모티브 영화가 흥행 코드로 자리 잡고 그것이 코믹 장르와 결합하면

서 욕설, 비속어가 웃음을 유발하기 위해 지속적으로 재생산된 탓이라고 이야기한다.[45]

그들의 말처럼 2000년대 영화계는 〈친구〉(2001)와 〈조폭마누라〉(2001)를 시작으로 〈신라의 달밤〉(2001), 〈가문의 영광〉(2002) 등 조폭 영화가 흥행 보증수표로 떠올랐다. '차진' 욕은 영화를 더 재미있게 만드는 역할을 톡톡히 해냈다. 들어서 기분 좋은 단어가 아닌데도, 재미있는 영화 속 장면을 통해 욕설과 비속어는 우리 삶에 큰 저항 없이 스며들었다.

'니미'와 '씨발'

"씨발, 좆같다"는 말이 무슨 뜻인지 알고도 그 말을 재미 삼아 할 수 있을까? '좆같다'의 '좆'을 『표준국어대사전』에서 찾아보면 '남성의 성기를 비속하게 이르는 말'이라고 풀이되어 있다. 그 어원도 분명해서 『마경초집언해』(1623~1649)에 '좃'으로 기록된 것으로 전해지며, '좆만하다', '좆같다' 등의 표현을 통해서 상대를 성기에 비유하고 비하하여 모욕을 주는 말이다.

'씹'은 여성의 성기를 속되게 이르는 말로, 『표준국어대사전』에 의하면 '성교'를 의미하기도 한다. '씹'은 그 사용에 있어서 '좆'과는 다른 형태를 보이는데, 좆이 그 자체로 상대에게 모욕을 주는 것과 달리, '씹'은 '어머니'를 포함한다. 씹에서 나온 새끼라는 뜻의 씹새끼는 어머니를 성기(씹)로 환원시키면서 그 어머니의 자식인 상대방에게 모욕감을 전달한다. 인격을 제거당하고 순식간에 '성기'가 되어버린 바로 그 어머니로부터 태어났다는 건 씻을 수 없는 수치심을 주기 때문이다.

더 나아가 '씹'은 여성의 성기뿐만 아니라 '성관계'라는 좀 더 적극적인 뜻으로 변화한다. 이때 여성의 성기 자체보다는 '성관계를 하는 것'과 '하지 않는 것'이 모욕을 주는 결정적인 변수로 등장한다.

'씨발'은 섹스 행위(하다)와 결합해서 욕으로 완성된 것이다. '씨발'은 '씹+할'이 익숙한 발음으로 변형된 것이다. 그런데 그 뜻이 욕이 되기 위해선 앞에 생략된 말이 있는데, 그건 바로 '니미(너의 어미)'다.

그러니까 '씨발'은 '니 어미와 씹할 놈'의 줄임말로, '제 엄마와 성관계할 놈'이라는 뜻이 된다. 근친상간의 금기는 상대를 모욕하는 주요한 내용이 되어서 '엄마와 성관계할 정도로 나쁜 놈'이라는 의미가 되는 것이다.

물론 이 말을 사용하는 누구나가 본래의 뜻을 모두 알고 사용하는 것은 아니며, 듣는 사람도 그 말의 뜻을 알고 기분이 '나빠지는' 것은 아니다. 실제로 한국 사회에서 '씨발'은 실생활에서 빈번히 사용되며, 위협적이거나 적대적인 상황뿐만 아니라 유머나 친근감의 표현으로 소비될 만큼 광범위하게 퍼져 있는 표현이기도 하다. '씨발'은 그 본래의 의미에서 벗어나 관용적인 형용사가 되어, '~년'이라는 표현까지 가능해졌다. 본래 어머니와 성관계하는 '남자'를 지칭하는 용어였으나, 이미 그 뜻은 사라지고 '나쁜'과 유사하거나 조금 강한 어조로 여성을 비난하기 위한 말과 결합(씹할+년)되었다. 최근에 '씨발년'은 여성만이 아니라 남성에게 사용되기도 하는데, '놈'이라는 남성어보다 '년'이라는 여성어가 더 모욕감을 주기 때문으로 보인다.

흥미로운 점은 근친상간과 관련된 욕설이 우리나라에만 있지는 않다는 사실이다. 어머니와의 성관계(금기)를 인용해서 남성을 비난하는 표현은 인도와 유럽에서도 발견되는 보편적인 말이다. 예를 들어 'mother-fucker'는 직역하면 '니 어미와 씹할'이라는 뜻으로 '엄마와 성관계할 정도로 나쁜 놈'을 뜻하는 한국의 '씨발'과 거의 흡사하다.

남성에게 허락되지 않은 유일한 섹스

그런데 왜 '어머니'일까? 남성을 모욕하는 표현에 '여성(어머니)'이 활용되는 이유는 무엇이고, 여성(어머니)을 활용해서 남성을 욕하는 이유는 무엇일까? 이것은 근친상간의 금기를 활용한 표현이지만, '아버지와 섹스하는 여성'을 표현하는 욕설은 존재하지 않는다는 점에서 단순히 금기를 어긴 데 대한 비난으로 싸잡아 보기는 어려워 보인다.

여기서 여성의 성적 자유를 허락하지 않는 남성 지배 문화에 대해 생각해볼 필요가 있다. 남성이 성적 대상인 여성을 필요로 하면서도 여성이 성적 욕망을 스스로 말하기라도 하면 더럽다거나 싸다는 말로 여성의 가치를 순식간에 낮잡아버리는 문화, 그러나 남성에게는 여성에 대한 성적 욕망을 권장하는 문화 말이다. 여성은 더 적은 횟수로 섹스를 해야 좋고, 남성은 더 많은 여자와 섹스를 해야 인정받는 희한한 구조를 남성 지배 문화라고 부를 수 있겠다.

이런 문화에서 남성은 여성에게 섹스를 '해줄 것'을 끊임없이 요구하지만, 정작 '섹스하는 여성'은 허락하지 않는다. 한국 사회에는 '갈보', '개보지', '메가보지', '허벌보지' 등 섹스하는 여성에 대한 비하와 멸시를 담은 언어와 '풋조개', '핑보지' 등 섹스하지 않는 가상의 여성에 대한 숭배어가 대를 지어 존재하는데, 이 또한 '나와는 섹스를 해야 하지만 다른 남자와 하면 안 되는' 남성 지배 문화의 모순된 성 규범이 만들어낸 허구의 언어다. 섹스는 사랑의 행위이고 같이 만들어가는 쾌락이어서, 한쪽이 다른 쪽에게 주다/바치다, 먹다/먹히다라는 말과는 어울리지 않는다. 그리고 섹스의 횟수가 몸의 인격을 표현하거나 깨끗함의 정도를 뜻하지도 않는다. 남성들의 섹스 횟수가 몸에 아무런 훼손을 가하지 않는 것과 마찬가지로 말이다.

여성과 남성에게 다르게 적용되는 성에 따른 이중 규범을 깨닫는다면, 남성 비속어와 여성 비속어의 용례가 갖는 차이도 이해할 수 있다. 섹스 여부나 횟수를 염두에 두면서 여성의 성기를 욕설로 사용하는 것과 달리, 남성의 성기는 '좆만하다, 좆같다'처럼 크기나 모양 묘사에 한정된다. 얼마나 여러 번 질에 삽입되었는가는 남성을 평가하는 데 영향을 미치지 않는다. 성적 욕망이 승인된 남성들에게 그런 평가는 필요하지도 않지만 불가능하다.

그렇다면 남성을 모욕하는 표현이 왜 어머니를 포함하는지 이해할 수 있다. 남성에게는 여성을 대상으로 하는 모든 성적 욕망이 승인되고 얼마나 많은 여성과 섹스를 했는지가 남성의 가치를 낮추지 못하며 오히려 남성의 능력으로 인정받을 때도 있는데, 어떻게 그들에게 모욕감을 전할 수 있겠는가? 따라서 욕망이 금지된 단 한 명의 여성을 포함하는 수밖에 없다. 그것이 '어머니'다.

〈'네 어미' 관련 금기어〉

네밀붙을, 네어미, 네에미, 네에미 공알이다, 느 어멈 씹이다, 느그멈 할, 니기미랄, 니기미씨팔, 니기미좆도, 니미, 니미랄, 니미씨팔, 니밀할, 니에미 씹이다, 닝기미, 예미, 제미, 제미랄, 제미붙을, 제미씨팔, 제어미, 제에미, 즈거멈, 즈거멈할, 즈그멈할, 즈에미 붙어먹다, 지 에미하고 붙어먹을, 지기미, 지미, 지미 붙어먹을, 지미랄, 지미씨팔, 지에미, 지에미 씹 붙어먹을, 네미랄, 니 엄씨하고 붙어먹다가 좆대감지 뿌라져 꼬드라질, 엄창

(오새내, 한국어 여성 비속어의 분류와 특성, 《한국어 의미학》, p.146, 2002.)

1999년에 나온 『국어비속어사전』에 실린 '네 어미' 관련 금기어는 49개 항목에 달한다. 남성에게 섹스는 문제될 게 없지만, 유일하게 문제가 된다면 바로 상대가 '어머니'일 때다. (반면에 여성은 그들이 하는 모든 섹스가 문제가 된다.)

"얼마 전 친구랑 '엄창' 찍어서 엄청난 걸 잃게 생겼어요"

얼마 전 MBC 〈마이리틀텔레비전(마리텔)〉 인터넷 생방송 도중에 출연자 중 한 명이 '엄창' 동작을 해서 논란이 됐다. 1999년 발간된 『국어비속어사전』에 '엄창'이 포함되어 있는 걸 보면 1990년대에도 이 말은 광범위하게 쓰인 걸로 보이며, 점차 그 말을 표현하는 동작까지 만들어진 것으로 보인다. 이는 '내 말이 진실이 아닐 경우 우리 엄마 창녀'라는 말의 줄임말이다.

요컨대 어머니는 절대 창녀가 아니며 창녀여서는 안 된다는 신념 아래에서만 가능해지는 약속의 언어다. 엄마의 순결을 걸고 맹세한다는 이 말은 어머니뿐만 아니라 여성의 성에 대한 이 사회의 불안함을 드러내며, 그것을 통제하겠다는 엄중한 경고이기도 하다. 이 메시지를 굳이 '어머니'를 통해 전하는 데에도 이유가 있다.

남성에게만 성이 허락된 사회에서 여성은 누구나 성적이지 않아야 하지만, 그중에서도 어머니는 무성적 인간의 끝판왕 자리를 배

당받았다. 여자는 약하지만 어머니는 강하다는 서사로부터 여성에서 '어머니'를 분리해내려는 끊임없는 시도 속에서, 어머니는 여성과 분리되고 신격화되었다. 성녀 마리아와 같이, 섹스는 하지 않지만 아이는 낳는 존재로 말이다.

하지만 여성과 어머니는 분리될 수 없으며, 어머니도 섹스를 한다. 아버지가 섹스를 하고 다른 여성들이 섹스를 하며, 이 글을 읽는 여러분이 섹스를 하는 것과 다르지 않다. 인간은 누구나 성적인 존재이고, 여성은 인간의 예외 범주가 아니다.

"일반 여자는 조신하고, 야한 여자는 걸레이며, 엄마는 성녀"인 것이 아니라 그들은 '성적인 존재인 사람'일 뿐이다.

이제 이런 말을 쓸지 말지는 개인의 몫이다. 다만 이런 표현이 아름다울 수 있는 성을 왜곡시키고, 섹스를 음지로 가두는 데다, 여성을 성적 대상으로만 보는 데 기여한다는 점만은 기억해야 한다.

15   우리 집의 비밀

머리가 아프다. 감기도 아니고 술을 마신 것도 아닌데 두통은 오늘도 멈추지 않는다. 전부 여성학 수업, 그것도 선생님이 내준 한 장짜리 과제 때문이다. 내일이 과제 마감인데 내 손가락은 뭐가 어려운지 한 줄도 적지 못하고 있다(딱 한 쪽 쓰기를!). 선생님은 '주변에서 쉽게 찾아볼 수 있는 차별이나 폭력'에 대해 자유롭게 쓰라고 하셨으나, 나는 전혀 '자유롭게' 쓸 수가 없다. 너무 헷갈린다. 그건 폭력일까?

그날의 주제는 가정폭력이었다. 참고로 나는 부모님께 맞고 자라지 않았고 부모님 사이도 그렇게 나쁘진 않았다. 수업시간에 선생님은 가정폭력은 신체적 폭력이나 심한 욕설만 해당하는 것이 아니며, 위계에 따라 일어나는 가족 구성원에 대한 '강압적 통제'라고 했다. 협의나 협상이 불가능한 관계이고, 그 결과 가족 구성원들이 가족 내 어떤 한 사람의 눈치를 계속 보면서 살거나 그런 분위기로 인해 선택 가능한 삶의 영역이 점차 줄어든다면, 그것이 바로 강압적 통제이고 '폭력 관계'라고 했다.

사람들이 가정폭력을 '멍들고 처참한 피해자의 모습'으로만 여기는 것은 일상적으로 일어나는 가족 내 폭력을 드러나지 못하게 한다는 말씀도 덧붙이셨다. 두 집 걸러 한 집에서 가정폭력이 일어나고 있는데도 '우리 집은 예외'라고 생각하는 신념은 이러한 가정폭력에 대한 잘못된 오해 때문에 생겨난다고 말이다.

수업이 끝나고 나는 생각이 많아졌다. 우리 집은 비교적 평등한 가족 관계를 가지고 있다고 생각하면서 살았고 가정폭력은 다른 집 일로만 여겼는데 그런 내 믿음이 착각이었을까 반문했다. 그러면서 살짝 무서워졌다. (설마, 내가 가정폭력 가정에서 자랐다는 거야? 세상에.)

캠핑의 추억

한 장면이 떠오른다. 여름엔 너무 덥고 모기가 많아 싫다고 하셔서, 우리 집은 가을이 되면 캠핑을 갔다. 나도 캠핑이 좋았다. 아빠가 캠핑 가서 만들어주는 꼬치 때문에 좋아했던 것 같다. 엄마는 야채를 같이 끼워야 한다고 했지만, 아빠는 개의치 않고 내 취향대로 꼬치를 만들어 구워주셨다. 엄마는 캠핑장에 갈 때면 삼시 세 끼에서 해방되었다며 좋아하셨다. 내가 보기엔 캠핑 가기 전에 고기 재우고, 야채와 과일을 썰고, 기타 부재료를 준비하느라 여간 바쁜 게 아닌데, 엄마는 당일에 불 피우고 고기 굽고 하지 않는 것만 해도 편하다고 생각하셨던 모양이다.

동생은 강아지와 놀아서 좋고, 나는 내가 좋아하는 꼬치를 먹어서 좋고, 아빠는 오랜만에 식구들이랑 다 같이 나와 좋다고 했다. 이 정도면 '즐거운 나의 집' 화보 사진이지 않겠는가. 그러니 내가 아빠를 가정폭력과 연결 짓는 건 불가능했고, 지금도 그걸 가정폭력이라고 불러야 할지 확신이 없다. 이것도 정말 '가정폭력'일까?

맛있게 구워주신 꼬치를 들고 동생이랑 캠핑장을 돌아다니다가 우리 자리로 돌아왔을 때였다. 엄마와 아빠가 싸우고 있었다. 엄마가 상추를 깜빡하고 안 가져왔고, 그때부터 아빠의 잔소리가 시작된 모양이었다. 감자 껍질을 깎아서 가지고 오면 어떻게 하냐, 꼬치에 끼워야 하는데 양파는 왜 이렇게 잘라 왔냐, 그럴 시간에 상추를 챙겼어야 하는 거 아니냐 등등, 아빠가 계속 화를 냈다.

만약에 엄마가 미안하다고 말하지 않고 아빠에게 같이 화를 냈다면 분명 두 분이 싸웠을 것이다. 하지만 엄마는 가만히 듣기만 하다가 아빠에게 "제대로 못 챙겨 미안하다"고 했다. 한참을 흥분하던 아빠가 이내 조용해졌다. 주변 사람들 모두 우리 쪽을 쳐다보고 있었다. 너무 크게 소리를 질러서였다.

그때는, 그리고 얼마 전까지도 엄마 잘못이라고 생각했다. '엄마가 재료 준비를 제대로만 했다면 아빠가 그렇게 화내지 않았을 텐데'라고 말이다. 그런데 오늘 다시 그 장면을 떠올려보니 뭔가 이상했다. 나는 어째서 무섭게 몰아붙인 아빠가 아니라 아무 말 없이 미안하다던 엄마를 원망했던 걸까?

일상적 통제

부모님이 싸우는 패턴은 매번 비슷했다. 아빠가 엄마의 실수나 잘못을 문제 삼으면서 시작됐고, 아빠의 분노는 자가 발전했으며, 엄마의 사과로 끝이 났다. 캠핑 준비를 제대로 하지 않은 것, 식탁 위 반찬이 부실한 것, 가계부에 숫자가 틀린 것, 세탁물을 제때 찾아오지 않은 것 등 아빠가 화를 낼 만한 일은 일상에 포진되어 있었다. 엄마는 실수할까 봐 늘 긴장했고, 나에게 뭐 빠진 게 없는지 확인하곤 했다.

엄마의 그런 모습을 보면서도 나는 아직까지 한 번도 폭력이라고 생각해본 적이 없었다. 아빠의 예민함과 엄마의 둔감함이 빚은 트러블 정도로 여겼다. 어제까지만 해도 내가 기억하는 부모님의 무수한 '사적 트러블'들이 하루 사이에 '강압적 통제'로 불러야 할 위기가 닥쳐왔다. 사실상 이는 위기가 아니라, 이제까지 내가 묵인

하고 방조해왔던 일상적 폭력을 '직시'하는 것이었다.

내 기억에 엄마는 캠프 며칠 전부터 마트에 가서 장을 봤고, 모든 재료를 체크했으며, 아빠가 큰소리 낼 일을 만들지 않으려고 최대한 재료 준비를 꼼꼼히 하려고 했다. 감자의 색깔이 변할 거라는 걸 알면서도 엄마가 감자를 깎은 건, 그 전 캠핑 때 아빠가 껍질을 깎지 않은 감자를 보고 "감자를 껍질째 구워야 할 판"이라고 소리 질렀던 전적 때문이었다. 깎아 와도, 깎아 오지 않아도 화를 내는 건 언제나 아빠였다. 아무 말 못하고 미안하다고 말하는 건 늘 엄마였고, 아빠에게 맞추려고 하는 것도 늘 엄마였다. 왜 엄마는 아빠한테 아무 얘기도 못했을까?

아빠가 화내던 모습을 다시 떠올려봤다. 그게 그렇게 화를 낼 일이었나 싶다. 캠핑장에 감자를 깎아 간 것이 그렇게 분노할 만한 일일까? 세탁소에 못 간 것이나 가계부 숫자가 틀린 게 엄마의 일상을 불안으로 채워도 될 만큼 중대한 일일까 싶었다. 하지만 아빠는 매번 황당함을 표하며 엄마를 나무라고 '혼냈다'. 아빠의 그런 행동들은 엄마를 긴장시키고 불안하게 했지만, 경찰에 신고하거나 법원에 호소하기에는 '사소했다'. 그건 누구에게 사소한 걸까? 엄마에게도 그건 사소했을까?

무기력이 아니라 책임감

생각이 멈추지 않았다. 이제까지 내가 알고 있던 가정폭력은 멍든 눈, 부러진 갈비뼈와 같은 것들이었다. 그리고 적어도 우리 집은 '그런 집'이 아니었다. 여성학 수업을 수강하면서 모든 것에 혼란이 왔다. 나의 가족, 나의 기억, 나의 연애까지, 어느 것 하나 다시 생각하지 않으면 안 됐다. 세상에 원래부터 그런 것은 없었고, 어디에나 질문이 쫓아다녔다. 그 질문은 나의 가정폭력을 지나 나의 연애에까지 이어졌다.

하루에도 12번씩 전화하는 애인이 문제였다. 전화를 받지 않거나 문자에 바로 답하지 않으면 애인은 (마치 아빠가 엄마에게 하는 것처럼) 나에게 화를 냈다. 나는 지금까지 이것도 '사소한 트러블'이라 여겼고, (마치 엄마가 아빠에게 하는 것처럼) 가급적 전화를 받고 빨리 문자를 보내는 방법으로 충돌을 피했다.

애인의 애정 표현이 조금 과하긴 하지만 내가 잘 관리하면 큰 탈은 없을 거라 생각했고, 문제가 생겨 애인이 화가 나면 그 화를 달래는 일에 내 에너지를 쏟았다. 분노는 애인에게만 허락된 것 같았고, 나는 그 분노를 가라앉혀야 할 책임이 있는 것처럼 느꼈다. 문득 미안하다는 말을 달고 살던 엄마의 모습과 내가 겹쳐진다. 엄마도 아빠의 화를 당신이 책임져야 한다고 생각했던 건 아닐까?

여기까지 생각이 미치자, 수업 말미에 선생님이 칠판에 적었던

'책임감'이라는 단어가 떠올랐다. 선생님은 흔히 친밀한 관계에 있는 (이성) 커플 사이에서 폭력이 일어날 때 피해 여성이 '학습된 무기력'에 시달리거나 우울감을 호소한다고 하지만, 이것이 피해자의 유일한 특징일 수 없다고 했다. 상대방의 폭력을 스스로 관리해야 한다는 책임감으로 그것을 바꾸기 위해 노력하지만, 가정폭력을 사소한 일로 치부하는 문화와 변하지 않는 가해자 때문에 매번 꺾이고 좌절되면서 오는 것이 무기력이라고 했다. 그리고 무기력을 과도하게 강조하는 일이 그에 앞서 피해자의 주요한 특징인 (친밀한 폭력) 관계에 대한 책임감, (폭력) 가족에 대한 책임감을 간과할 수 있다고 강조했다.

나와 엄마의 친밀한 관계를 곱씹어볼 때, 무기력보다 앞에 오는 것이 '책임감'이라는 선생님의 이야기는 옳은 것이었다. 문제는 그런 책임감으로 폭력을 끝낼 수 없다는 것인데, 그러면 이런 사소하지 않은 '사소한' 폭력에는 어떻게 맞서야 하는지 헷갈렸다. 애인의 화를 풀어줄 마음이 이제는 들지 않을 것 같은데, 나는 애인의 핸드폰 집착을 어떻게 해결해야 한다는 말인가!

머리를 써서 그런지 배가 고팠다. 친구를 불러내 동네 분식집에 들어갔다. 오늘이 날인 건지, 아니면 유독 그런 것만 보이는 건지, 주방에서 아주머니를 '혼내는' 아저씨의 목소리가 귀를 찢는다. "당근을 그렇게 두껍게 썰면 안 익잖아. 왜 똑같은 얘기를 매번 하게 하나, 그럴 거면 나 안 튀겨!" 하면서 아저씨는 튀김 젓가락을 던지듯 내려놓았다. 아주머니는 아저씨에게 연신 미안하다고 사과하고 이렇게 썰면 되겠냐고 물으며 아저씨를 어르고 달랬다. 그러고 나서야 겨우 아저씨가 다시 튀김 젓가락을 드는 그 장면이란….

끌끌 혀를 차며 아저씨가 아주머니를 내려보는 표정이 그날따라 너무 못마땅했다. 별일도 아닌데 '미안하다'며 연신 아빠를 달래던 엄마의 모습이 겹쳐졌고, 문자 타령하는 애인 달래느라 정신없던 내 모습과 겹쳐졌다. 어쩌다 '통제'는 이렇게 쉬워졌을까? 어쩌다 편하게 화내는 몸과 그 화를 보살피는 몸은 성별화되어버렸을까? 정말이지 생각이 많아지는 밤이다.

3장

젠더, 그것이 알고 싶다

16

젠더의 탄생

female/male로 태어나 woman/man이 되다

여성과 남성은 생물학적으로 다른 몸을 가지고 있다고 믿어진다. 남성이 근육량이 더 많아서 힘이 여성보다 세고, 여성은 지방이 더 많아서 추위를 덜 탄다거나, 성기 모양이 다르다는 것, 유방이 크기가 다르다는 것 등이 종종 그 차이로 부각되곤 한다. 그러나 이런 역사 안에서 몸은 남성과 여성의 신체적 '차이'를 말하는 것만으로 그치지 않았다. 신체의 차이는 여성과 남성에게 다른 사회적 기능을 부여하는 출발점이었고, 여성과 남성의 차별을 정당화한 토대이기도 했다.

몸의 차이가 역할을 구분짓는다

19세기 후반까지만 해도 여성이 남성보다 열등한 것은 신체적인

차이에 따른 것이라고 보았다. 많은 과학자들은 여성의 뇌가 남성보다 작기 때문에 여성이 남성보다 열등하다고 말했다.

"파리 시민들 같은 가장 지적인 인종 중에도, 뇌의 크기가 가장 발달한 남자보다는 고릴라의 뇌에 가까운 여자들이 수없이 많다. 이와 같은 열등성은 매우 분명해서 그 점에 대해서 아무도 이의를 제기할 수 없다. 단지 그 정도가 논쟁거리가 될 수 있다."

– 1879년, 구스타브 르 봉(Gustave Le Bon)

그러나 뇌과학을 비롯한 여러 분야의 과학이 발달하면서 여성이 남성보다 열등하다는 주장은 근거가 없다는 사실이 밝혀졌다. 그런데 여전히 많은 사람들은 여성과 남성이 갖는 특성은 여성의 몸과 남성의 몸이 다르기 때문이라고 말한다. 대표적인 예가 임신하고 출산하고 수유할 수 있는 여성의 몸이다.

여성은 자궁을 갖고 태어났기에 여성이 아이를 키우는 것은 너무 당연한 자연의 섭리이고, 그렇기에 여성의 모성은 본능이며, 여성이 출산하기 때문에 아이는 여성의 책임이라는 것이다. 여성의 신체적인 몸과 사회적 역할을 하나로 합쳐서 설명하는 셈이다. 여성의 몸에 기초한 여성의 특성과 역할에 대한 규정은 계속되고 있다.

구글의 한 엔지니어는 남녀 임금 격차를 정당화하는 내용의 메모를 공개했고, 구글은 "잘못된 고정관념을 퍼뜨렸다"는 사유로 그를 해고했다.

"남녀 간에는 생물학적 차이가 있고, 이는 테크 기업에서 여성 직원과 여성 리더의 수에 영향을 미친다."

"생물학적으로 여성은 남성과 달리 아이디어보다 미적인 것, 감정적인 것에 관심이 많다. 또 여성은 일반적으로 '사물'보다 '사람'에 관심이 더 많다."

"남성은 일반적으로 여성에 비해 체계적(시스템적)이다. 이는 많은 남성들이 여성보다 코딩을 좋아하는 이유이기도 하다."

"여성은 남성에 비해 일과 생활의 균형을 추구한다. 남성은 여성보다 높은 지위에 오르고자 하는 원동력이 강하다."[46]

이러한 설명들은 남녀 간의 생물학적 성차로 인해 여성과 남성의 모든 행위와 역할이 만들어졌다고 본다. 이러한 성차에 근거한 본질론은 각종 경험과학적 연구에 의해 뒷받침된다. 그 대표적인 예가 진화심리학이다. 진화심리학은 남성의 성욕과 남성의 약한 부성애에 대해 다음과 같이 말한다.

"역사적으로 더 강한 성욕을 지닌 남성들이 더 많은 자손을 남겼다. 따라서 현대 남성들은 남성 조상들로부터 강한 성적 충동을 물려받아 성적인 다양성에 대한 욕망이 크고, 여자의 신체적 매력에 큰 관심을 둔다."

"남성들의 부성애가 여성들의 모성애보다 약한 이유는 아이의 아버지가 누구인지를 알기 어려운 부성 불확실성(paternity uncertainty) 때문이다. 아빠와 자식 사이의 연결 고리는 엄마와 자식 사이의 연결 고리보다 불확실하다. 따라서 일반적으로 부성애는 모성애보다 약하게 진화했다."

남성의 성욕, 남성의 약한 부성 등 진화심리학은 많은 것을 생물학에 근거해 설명한다. 생물학적 차이를 본질적인 것으로 보는 이러한 이론이 과학적으로 정당화되면서, 페미니스트들은 성별에 따른 사회적 역할 규정이 과연 정당한지 질문하기 시작했고 이를 극복할 수 있는 방법을 모색했다. 그리고 남녀 간의 생물학적 성차와 사회적 성차를 구분해 설명할 수 있는 '젠더' 개념을 발견했다.

여성은 태어나는 것이 아니라 만들어진다

젠더라는 용어는 1930년대 임상심리학 분야에서 처음 사용되었는데 페미니스트 학자인 앤 오클리(Ann Oakley)가 1972년 자신의 책에서 처음으로 차용했다. 앤 오클리는 섹스는 눈에 보이는 성기 모양의 차이나 재생산 능력에 관계된 생물학적 차이에 기인한 여성과 남성을 말하고, 젠더는 문화와 관련된 여성성이나 남성성으로의 사회적 분류를 의미한다고 구분했다.

젠더는 사회문화적인 성별인 것이다. 일상적으로 '여성은 어떻고 어떠해야 한다/남성은 어떻고 어떠해야 한다'고 들어왔던 것들이 여기에 해당한다. "여성은 의존적이고, 감정적이며(잘 울고), 말이 많고, 수학을 못한다. 남성은 독립적이고, 이성적이며(잘 안 울고), 과묵하고, 수학을 잘한다"와 같은 말이다.

분석 도구로 젠더를 사용하는 것, 그리고 섹스와 젠더를 구분하는 것은 사회적인 성차와 생물학적인 성차를 분리하고 이 둘이 서로 다른 범주라고 주장하는 근거가 되었다. 이제 페미니스트들은 젠더를 사용해 모든 종류의 생물학적 결정론에 반대하고, 여성과 남성을 다르게 길러내고 대우하는 사회적 과정에 집중할 수 있었다. 또한 그러한 사회화 과정이 여성에 대한 차별이라고 말할 수 있게 되었다.

섹스는 그릇이고 젠더가 그 내용물로, 이제는 내용물에 초점을 맞출 수 있게 된 것이다. 젠더라는 분석 도구로 여성에 대한 고정관념/편견이 사회적인 산물이라는 것을 분석해냄으로써 성차별이라고 구분짓고, 차별에 대항해 싸울 수 있게 되었다.

시몬 드 보부아르(Simone de Beauvoir)는 『제2의 성』에서 섹스와 젠더를 분명하게 설명하고 있다. "여성은 태어나는 것이 아니라 만들어진다." 사람은 인간 종의 '여성(female)'으로 태어날 수 있지만 '여

성(woman)'을 만드는 것은 문명이며, 문명은 무엇이 '여성적인 것
(feminine)'인지를 정의하고 여성들이 어떻게 행동해야 하고 행동하
는지를 처방한다는 것이다.

사회적 성인 젠더를 좀 더 자세히 설명해보면 이렇다. 우리는 태
어나자마자, 성별에 따라 분홍색 내의와 파란색 내의를 입는다. 아
이의 행동은 남자인지 여자인지에 따라 달리 평가받는다. 여자아이
가 밖에 나가 놀기를 좋아하고 가만히 있질 않으면 '여자애가 천방
지축으로 나댄다'는 평가를 받는다. 반면에 남자아이가 집에서 조
용히 인형을 가지고 놀거나 하면 '남자애가 여자애처럼 집에만 있
는 걸 좋아해 걱정이다'라는 말을 듣는다. 아이들은 커가면서 자신
의 성별에 맞는 행동이 어떤 것인지를 배운다. 어른으로 성장하는
과정에서 성별에 따른 성 역할과 그에 따른 적정한 보상과 처벌을
통해 무엇이 정상이고 비정상인지를 간파하고, 자신의 성별에 적절
한 역할을 행한다. 그래서 여성이 되기 위해, 남성이 되기 위해 열
심히 젠더를 수행한다.

페미니스트들은 섹스로부터 사회적 성별을 분리해 젠더로 호명
함으로써, 여성에게 덧씌워진 많은 불평등에 대해 이야기할 수 있
게 되었다. 그러나 섹스와 젠더의 구분에 대한 비판도 있다. 젠더와
섹스가 서로 영향을 받지 않고 독립적인가? 젠더뿐 아니라 섹스 역
시 사회문화적인 영향을 받고 있다.

주디스 버틀러(Judith Butler)는 섹스 역시 사회가 요구하는 규범에

따라 반복적인 성 행동, 성적 표현 등을 통해 형성되기 때문에 섹스와 젠더의 구분이 무의미하다고 말한다. 섹스 또한 젠더처럼 문화적으로 만들어진 산물로, 섹스가 곧 성 정체성이라고 하는 것은 반드시 남자의 몸과 여자의 몸을 전제로 하지는 않는다. 머리를 기르고 화장을 하고 근육을 키우지 않고 여성적인 몸놀림을 익히면서 '여성'이 되고, 머리를 자르고 근육을 키우고 남성적인 몸놀림을 통해 '남성'이 된다. 그리고 이 말은 곧 여성의 몸을 갖지만 남성으로 자신을 정체화할 수 있고, 남성의 몸을 갖지만 여성으로 자신을 정체화할 수 있다는 뜻이기도 하다.

이처럼 섹스와 젠더란 서로 영향을 미치고 있어서 분리하기 어려울 수 있다. 특히 1990년대에 본격적으로 등장한 퀴어 이론, 트랜스젠더리즘과 함께 가시화된 트랜스젠더의 존재는 과학기술의 발달로 몸을 바꿀 수 있는 지금 '무엇을 기준으로 개인의 섹스 또는 젠더를 규정할 수 있는가?'라는 질문을 불러일으킨다. 따라서 섹스는 자연적인 것, 젠더는 사회적으로 구성된 것이라는 이분법적인 구분은 한계가 있다는 주장은 충분히 이해가 된다.

그러나 젠더는 여성에 대한 성차별을 밝혀내는 분석 도구로서 여전히 기능한다. 사회에 만연한 여성과 남성에 대한 각종 규범들에 대해, 그것이 본래 타고난 여성과 남성의 특질이 아니라 여성과 남성을 이분법적으로 가르는 성별화된 사회의 산물이라는 것을 드러내기 때문이다. 그럼으로써 여성과 남성이 다르게 대우받고 평가

받는 것, 즉 여성과 남성 간의 차별을 수정할 수 있게 된다.

실제 젠더 분석을 통해 여성에 대한 차별이 수정된 대표적 사례로 여성의 수학 성적에 대한 편견이 있다. 여성이 수리 영역을 담당하는 좌뇌보다 언어 영역을 담당하는 우뇌가 발달해 수학을 못한다는 편견은 여성들의 수학과 과학 영역에서의 부진을 설명하는 이유였다. 수학 성적이 뇌의 성차에 따른 결과가 아니란 게 밝혀졌지만, 여전히 그러한 통념은 강하게 작용한다. 그러나 수학 성적과 성별의 문제를 젠더의 관점으로 보면서 여성의 수학 성적이 생물학적인 결과물이 아니라 사회문화적인 영향을 받는다는 사실이 점차 증명되고 있다.

최근의 연구에 따르면, 여성과 남성의 수학 성적 차이는 성 평등한 나라일수록 작다. 성 평등한 국가일수록 여성에게 수학과 관련해 고정관념을 심어주기보다는 잘할 수 있다는 긍정적인 피드백을 주고, 그 결과 수학 성적 차이가 줄어드는 것이다.[47] 여성의 수학 성적에 대한 젠더 분석은 사회 전반에 퍼진 편견이 미치는 무의식적인 영향을 고려하고, 여성의 수학 성적을 향상시킬 수 있도록 교육 내용 및 방법 등을 수정하여 여성 또한 남성만큼이나 수학에서 좋은 성적을 낼 수 있도록 지원하게끔 한다.

이렇듯 젠더 분석은 성차별을 드러내고 이를 수정해가고 있다. 아직까지 젠더는 여성에 대한 차별을 밝혀내는 강력한 도구인 것이다.

17

젠더의 시대적 변화

"보내주는 사람은 말이 없는데 떠나가는 남자가 무슨 말을 해
(중략) 하루하루 바다만 바라보다 눈물지으며 힘없이 돌아오네
남자는 남자는 다 모두가 그렇게 다
이별의 눈물 보이고 돌아서면 잊어버리는
남자는 다 그래"

1980년대에 인기 있었던 노래 〈남자는 배 여자는 항구〉는 지금
도 노래방에서 자주 불리고 있다. 노랫말을 보면, 연인 관계에서 남
자는 배처럼 자유로운 관계 주체이고 여자는 떠난 배를 기다리는
항구처럼 수동적인 존재다.

그러나 2010년대에 인기를 끌었던 〈강남 스타일〉 속의 남녀의

모습은 30년 전과 다르다.

　　"정숙해 보이지만 놀 땐 노는 여자
　　이때다 싶으면 묶었던 머리 푸는 여자
　　가렸지만 웬만한 노출보다 야한 여자
　　그런 감각적인 여자
　　나는 사나이
　　점잖아 보이지만 놀 땐 노는 사나이
　　때가 되면 완전 미쳐버리는 사나이
　　근육보다 사상이 울퉁불퉁한 사나이
　　그런 사나이"

　　노래 속 여성과 남성은 여성은 정숙하면서도 놀 땐 화끈하게 놀 줄 아는 섹시한 여자, 남자 또한 놀 때는 미친 듯이 놀 줄 아는 남자다. 대중가요 속 노랫말은 1980년대와 2010년대가 어떠한지를 넌지시 말해준다. 30년 사이, 여성은 남녀 관계에서 소극적이고 정적일 수밖에 없는 항구에서 정숙함과 섹시함이라는, 즉 소극성과 함께 적극성을 가진 존재로 변했다.

　　시대의 변화에 따라 요구되는 여성상/여성성과 남성상/남성성은 변화하고 있다. 그러나 사람들은 젠더에 있어서는 변화를 잘 인정하려 하지 않는다. '여성은 ○○해야 하고, 남성은 △△해야 한다'는 성별 고정관념의 틀을 절대적인 진리인 양, 불변의 것인 양 여긴다.

그러나 노랫말 속 여성상과 남성상의 변화처럼 여성과 남성에 대한 인식은 고정된, 불변의 어떤 것이 아니다. 시대에 따라 다르며 사회의 영향을 받는다. 바로 그 대표적 예가 2차 세계대전 전후 미국에서의 여성에 대한 요구의 변화일 것이다.

We can do it!

옆의 포스터는 단조공[48]여성 노동자를 그린 것으로, 여성은 머리를 동여매고 남성처럼 팔 근육을 드러내 보이며 "우리는 할 수 있다"고 외치고 있다. 이 그림은 기업 홍보물로 1942년 하워드 밀러(Howard Miller)가 그렸다. 당시 이러한 그림이 그려진 것은 미국의 전시 상황과 관련이 있다.

미국이 1941년 2차 세계대전에 합류하면서 많은 남성들이 참전하게 되었다. 남성들의 참전으로 공장은 인력이 부족했고, 그 빈자리를 여성들이 채웠다. 기업은 여성들을 공장으로 불러내기 위해 여성 또한 남성처럼 물리적으로 힘이 드는 일을 해낼 수 있다는 캠페인을 펼쳤다. 2차 세계대전 동안 600만 명의 새로운 여성 노동자들이 출현했다. 1940년 1,200만 명에서 1944년에는 2,000만 명으로 57% 증가했다.[49]

그러나 2차 세계대전이 끝난 후 미국은 여성 노동자 동원 캠페인을 중단했다. 다시 직장과 공장으로 돌아온 남성들을 위해 여성들은 그동안 일하던 자리를 내주고, 원래 자신들이 있었던 집으로 돌아갈 것이 강조되었다. 그러면서 1950년대와 1960년대에는 사회 전반적으로 전업주부로서의 삶을 강조하고 미화하는 많은 이미지와 이야기가 넘쳐났다.

이 시기에 여성은 전업주부로서, 가족이라는 울타리 안에서 살림과 돌봄을 하며 남편과 아이 등 가족 구성원의 욕구를 충족시키는 것이 진정한 행복이라고 칭송 받았다.

이처럼 한 사회에서 여성에게 요구되는 역할은 시기에 따라 달라진다. 그렇다면 과연 여성성과 남성성이 우리가 알고 있는 것처럼 변하지 않는 무엇인지 의문이 생긴다.

시대가 요구하는 여성의 몸

여성성이 지속적으로 사회의 영향을 받는 또 다른 예로, 시기에 따른 이상적인 여성상의 변화를 들 수 있다. 1950년대 초《플레이보이》의 누드모델을 비롯해 영화배우, 패션모델은 가슴과 엉덩이가 1970~1980년대에 비해 더 풍만했다. 그리고 1960년대 말과 1970년대에는 몸의 곡선이 잘 드러나지 않는 중성적인 몸매가 유행했다. 여성의 풍만한 가슴은 보통 모성이 강조되는 시기에 유행한다. 그만큼 1950년대는 여성으로서의 역할, 즉 집안일을 하며 남편과 아이, 노인 등을 돌보는 역할이 중요했던 시기였음을 잘 보여준다.

그러나 1960년대 말 이후 일하는 여성들이 많아지면서 남성과 같은 중성적인 몸매가 강조된다. 가정 내 역할이 강조되는 시기에는 풍만한 몸이, 남성처럼 일하는 여성이 강조되는 시기에는 마른 몸이 강조되는 것[50]을 보면, 여성의 몸매에 사회의 요구와 변화가 그대로 반영되는 것을 알 수 있다.

커리어 우먼들의 이미지를 떠올리면 쉽게 이해할 수 있다. 날씬한 몸에 치마 정장을 입은 여성들. 일하는 여성들은 기존의 남성 세계에 진입하면서 남성성을 강조하며 남성과 같은 정장 차림을 하지만, 직장 안에서 남성을 위협하는 존재가 아니란 것을 보여주기 위해 여성성을 드러내는 치마를 입는다. 여성의 몸뿐 아니라 여성의 복장 또한 해당 사회를 반영하는 것이다.

그렇다면 지금은 어떤 여성의 몸이 이상적일까? 미디어에 넘쳐나는 여성 이미지는 날씬한 몸에 큰 가슴을 가진 여성들이다. 이는 여성에게 여성적/모성적일 것과 직업적으로도 능력 있을 것을 요구하는 이중적인 기준을 드러낸다. 한국의 신붓감 1위가 안정적인 직업을 가진 동시에 기존의 여성적 역할(가사·육아를 전담)을 잘 해낼 수 있을 것 같은 초등학교 선생님인 것처럼, 여성에게 요구되는 몸매 또한 이를 반영하는 셈이다.

시대에 따른 여성상에 대한 변화는 우리가 알고 있는 여성성이 고정된 불변의 것이 아니라는 사실을 잘 보여준다. 여성성과 남성성은 변화하며 그 시대의 산물임을 안다는 것은 여성과 남성에 대한 인식이 현재에도 재편되고 변화한다는 것을 이해하는 일이다. 이는 성별 고정관념을 벗어날 수 있다는 희망이기도 하다. 국가의 필요에 따라서 여성의 육체적인 힘이 강조되면서 여성들이 공장으로 동원되었듯, 여성과 남성에 대해 우리가 알고 있는 것 또한 필요에 따라 언제든지 변할 수 있기 때문이다. 그래서 굳이 여성과 남성이란 틀에 얽매일 필요가 없다는 인식으로까지 나아갈 수 있다.

최근에는 화장하는 남자, 치마 입는 남자, 젠더리스 패션 등 여성과 남성의 경계를 허무는 다양한 시도 및 변화가 나타나고 있다. 한 예로 영국의 한 중학교에서는 30여 명의 남학생들이 치마를 입고 등교해 여름에 긴 바지가 아닌 반바지를 입을 수 있게 해달라며 시위를 했다. 학생들이 학교 측에 반바지를 입을 수 있게 해달라고 요청했으나, 학교는 '반바지는 교복에 포함되어 있지 않다'며 반대해왔기 때문이다. 학생들은 이에 항의해 치마 교복을 입고 등교하며 교복에서도 남녀평등이 이뤄져야 한다고 주장한 것이다. 이후 이 학교는 반바지도 교복에 포함시켰고, 그 외 많은 학교에서 남녀 교복의 구분을 없애는 성 중립적인 교복 정책을 채택하고 있다. 여성은 치마, 남성은 바지라는 규정 또한 고정된 것이 아니라 변화하고 있다. 몇 십 년 후면 치마는 남녀 모두가 선호하는 옷이 되지 않을까?

18

당신의 성별은 무엇입니까

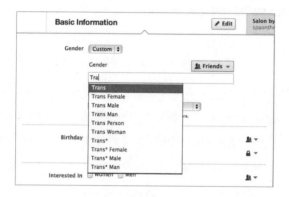

페이스북 US의 성별 선택지

공적인 서류를 작성할 때면 빼놓지 않고 마주치는 2개의 공란이 있다. 남자인지, 여자인지 표시하는 곳이다. 초등학교에 다닐 때부터 성인이 되어 입사 원서를 쓸 때까지 주저함 없이 같은 곳에 표시하고 지나쳤던 이 2개의 빈칸이 어쩌면 한참을 머물며 고민해야 넘어갈 수 있는 까다로운 공간이 될지도 모르겠다. 사진은 미국 페이스북에서 나의 성별(젠더)을 찾아 선택하는 장면이다. 남자(Male)

이거나 여자(Female)인 당신은 과연 이곳에서 당신의 성별을 선택할 수 있을까?

페이스북의 도전: 71번째 성별란

서울을 포함해서 35개 도시에 지사를 두고 있는 페이스북은 2016년 6월 기준으로 전 세계 17억 1천만 명이 사용하고 있는 것으로 집계되었다. 페이스북은 2014년 2월에 여성(Female)과 남성(Male) 외에 '맞춤(Custom) 선택지'를 추가했다. 맞춤 선택지는 무성(Agender), 트랜스(Trans), 양성(Bigender), 남성에서 여성으로 전환(Male to Female), 여성에서 남성으로 전환(Female to Male) 등 50개의 표현 중 하나를 고르도록 했다.[51] 이후 50개이던 선택지는 점차 늘어서 2016년에는 71개로 확대됐다. 무성(Asexual), 여성에서 남성으로 전환한 남성(Female to male transgender man), 남성에서 여성으로 전환한 여성(Male to female transgender woman), 성 중립(Gender neutral), 폴리젠더(polygender), 남녀추니(hermaphrodite), 간성 남성(Intersex man), 간성 인간(Intersex person), 간성 여성(Intersex woman) 등 21개의 항목이 추가됐다.[52]

성별 표시의 다양성을 고려한 페이스북 본사의 이러한 조치는 남자 아니면 여자 둘 중 하나만 선택해야 하는 페이스북코리아 사용자에게는 생소할 수 있다. 2개의 공란에만 익숙한 우리에게 71개의 선택지라는 상황은 낯설음을 넘어 난감하고 당혹스럽기만 하다. 어쩌면 2개의 세계에서 71개로 확대된 사고방식은 당장은 인지할 수 없는 영역일지도 모른다.

애써 번역하더라도 간성 인간과 간성 여성이 어떻게 다른지, 왜 그 사람은 스스로의 정체성을 다르게 표시하려 하는지 도통 이해하기 어려울 수 있다. 이쯤에서 질문이 떠오를지도 모르겠다. 이런 복잡한 성별 표시가 왜 필요한 것일까? 페이스북은 왜 이렇게 의미 없어 보이는 일에 공을 들이고 있는 걸까?

♂과 ♀에 가둘 수 없는 세계

성별 옵션을 여성과 남성에 가두지 않는 것은 페이스북US만의 기획은 아니다. 페이스북UK(영국)는 이미 71개의 옵션을 만들기도 했고 호주의 한 연구에서도 성별 옵션을 늘렸다. 호주 퀸즐랜드 공과대학교에서는 호주의 젠더 변화의 성격과 성적 관계에 미치는 영향을 분석하면서, 참가자들에게 33개의 젠더 정체성 중 하나를 고르라고 했다. "당신의 젠더를 가장 잘 설명한다고 느껴지는 단어는 무엇입니까?"라는 질문을 던져서 젠더 정체성이 태어날 때부터 자동적으로 정해지지 않는다는 의미를 전달한 것이다. 여기에 포함된

33개 옵션은 페이스북의 옵션과는 또 달라서, 각각의 문화에서 젠더를 표현하는 방법과 내용이 조금씩 달라지는 것을 아는 재미도 쏠쏠하다.[53]

예를 들어 데미젠더(Demigender, 특정 젠더와 부분적 연관이 있는 논바이너리 젠더 정체성을 아우르는 말), 데미걸(Demigirl, 데미우먼, 데미피메일이라고도 하며, 부분적으로 여성이라고 정의하거나 여성적 특성이 있는 사람. 태어났을 때의 성은 여성일 수도, 남성일 수도 있다), 데미보이(Demiboy, 데미맨, 데미메일이라고도 한다. 부분적으로 남성이라고 정의하거나 남성적 특성이 있는 사람. 태어났을 때의 성은 여성일 수도, 남성일 수도 있다)는 페이스북 옵션에는 없는 것들이다.[54]

세계는 여성과 남성, 2개의 젠더만을 고집하던 것에서 점차 다양한 성별 정체성을 말하는 방향으로 바뀌어가고 있다. 페이스북에서 알 수 있듯, 먼저 질문을 던지지 않고 살았을 뿐 세상에는 단지 2개로 정해지지 않는 젠더 정체성이 있다. 다양한 정체성이 가능하다고 꾸준히 말하고 설명해왔건만, 나에게 들리지 않았거나 내가 듣지 않았을 뿐이다. 다양한 젠더 옵션은 번거롭고 의미 없어 보일 수 있지만, 수십 개의 선택지를 살펴보면서 이제까지 궁금해하지 않았던 자신의 정체성을 질문해보는 계기가 되기도 한다.

누군가는 계속해서 늘어가는 성별 옵션에 대해, 이런 구분 짓기가 어떤 의미가 있는지 되묻기도 한다. 종류가 많아지는 건 결국은 의미가 없는 것이 아니냐고 말이다. 맞는 말이다. 나/당신의 젠더는 무엇인지 질문하고 다양한 옵션들을 제시하는 일은 젠더(여자인지 남자인지)에 너무 많은 의미를 부여하는 세계에 젠더를 '의미 없는' 것으로 만드는 과정이 된다. 무한하게 분할하다가 결국 '구분이 무의미하다'고 깨닫는 것이야말로 성은 2개뿐이라는 허구적 담론을 통쾌하게 비트는 작전이다.

성별(젠더)을 구분하는 작업은 성은 이만큼이나 다양하다는 것을 알리고, 누구든 쉽게 자신의 존재를 드러낼 수 있도록 도우며, 역설적으로 누구나 성적 소수자임을 깨닫게 하는 과정이 될 수 있다. 페이스북 소프트웨어팀의 엔지니어이자 성전환자인 아리 치부쿨라(Ari Chivukula)는 이렇게 말한다. "이 결정이 남성과 여성으로 자신의 정체성을 설명할 수 없는 사람들에게 좀 더 활기찬 논의의 장을 열어줄 것"이라고 말이다. 논의의 장은 막 열렸다. 그러니 지금이라도 나의 성 정체성은 무엇이라 이름 붙일지 생각해보면 어떨까?

성중립 대명사 Ze

하버드대학교 인문학부는 2015년에 남녀 양성 체계 대신 성 중립적인 대명사를 사용하기로 결정했다. 그(He)/그녀(She)라는 성을 특정하는 대명사가 아니라 성을 특정하지 않는 대명사 Ze/Xe를 사용하기로 한 것이다. 이런 결정에 대해 하버드대 마이클 버크 교수는 "학생들이 자신의 성적 정체성을 더욱 편하게 느끼고 교수들이 학생의 인칭 정보를 알게 해줌으로써 교수와 학생들이 더욱 가까워지기 위한 것"이라고 말했다.[55]

대화를 하기 전 상대가 여성인지 남성인지를 구분해야 하는 지금까지의 문화에서는 상대의 성을 구별할 수 없다면 대화는 쉽게 이뤄지지 않는다. 이런 '불필요한' 불편함을 없애고 상대를 존중하는 단어로 Ze를 선택할 수 있다. 더 이상 상대가 그인지, 그녀인지를 알아내고 그에 '걸맞은' 행동을 따로 취할 필요가 없어지는 것이다. 하버드대학에 앞서 테네시대학도 성 중립 대명사를 공개하고 교수와 학생에게 이를 사용할 것을 권하고 있다.

이런 움직임은 미국뿐이 아니다. 노르웨이는 성 중립 대명사로 Hin을 사용하고, 아이슬란드는 Þaø를 사용한다.[56] 스웨덴은 국공립 유치원에서 이미 성중립대명사를 사용해 아이들을 가르치고 있다. 남성(han)과 여성(hon)을 구분하지 않는 3인칭대명사 헨(hen)을 사용함으로써 성 정체성에 따라 사람을 구별짓지 않는 감각을 익히게끔 한다. 성에 따라 구별짓지 않는 것, 말로 하는 성 평등이 아니라 몸으로 익히는 성 평등 교육이라 할 수 있다.

안타깝게도 한국의 페이스북 유저들은 영국이나 미국처럼 성별을 다양하게 선택할 기회가 없다. 아직까지 한국 사회에서 여성과 남성의 배타적 구별짓기는 이의 없이 이뤄진다.

여교사, 여류 시인, 여기자, 여경, 여학교, 여중생 등 사람의 범주

에서 '여성'을 구분하는 관행도 꾸준하다. '남자는 하늘, 여자는 땅'
이라는 성차별적 유교 질서뿐만 아니라 군대에는 '남자만' 가는 징
병법, 여성의 몸을 자원화해온 해방 이후의 역사는 이원적인 젠더
체계를 고착시킨 주요한 이유였다. 사회가 남녀를 상호 배타적인
범주로 나누는 바람에, 우리는 다양성의 세계와 마주하지 못하고
서로를 '남자답게', '여자답게'라는 역할 놀이에 매진시킨다.

　2개의 공란 중 하나만 선택해야 하는 너무도 명료한 세상은 언제
쯤 바뀔까? 누구든 자신의 성별 앞에서 잠시 멈추어 고민하는 세상
이 올 것인가? 그 답은 바로 우리에게 달렸다.

19

변화를 이끌다, 픽토그램

그림 1   그림 2

  그림 1의 픽토그램을 보면, 사람들은 가장 먼저 여자인지, 남자인지 궁금해할 것이다. 보통 우리에게 익숙한 픽토그램은 그림 2처럼 남성은 바지를, 여성은 치마를 입고 있는 모습이기 때문이다. 그림 1은 머리가 짧지 않아 여자처럼 보이지만, 치마를 입고 있지 않아 남자처럼 보인다. 이렇게 여자인지, 남자인지 알기 어려운 픽토그램, 그러니까 성별이 불분명한 젠더리스 픽토그램은 왜 만들어낼까?

픽토그램, 현실의 통념을 반영하다

픽토그램(pictogram)은 사진(picture)과 전보(telegram)의 합성어로, 사물이나 시설을 사람들이 쉽고 빠르게 이해할 수 있도록 만든 그림문자다. 화장실의 표시, 횡단보도의 신호등 표시 모두 픽토그램에 해당한다. 전 세계적으로 화장실, 식당, 지하철역, 버스 정류장 등의 공공시설에 픽토그램이 사용되고 있다. 그렇다면 픽토그램은 어떻게 만들어질까?

전화기 표시처럼 전화기를 그대로 본떠 만든 픽토그램이 있는가 하면, 도로교통표지판처럼 배워야만 이해할 수 있는 픽토그램도 있다. 배워야만 알 수 있는 상징적인 픽토그램은 공동의 약속에 토대를 두고 있다. 다시 말해, 픽토그램은 그 사회의 관례나 인습을 반영하고 있으며 사회문화적인 영향을 받아 만들어지는 것이다.

픽토그램을 만들 때는 일반적인 디자인이 개성이나 독창성을 중요시하는 것과 달리 익숙함을 가장 먼저 고려한다. 따라서 사회문화나 생활 습성을 관찰하고 이를 반영한 후 테스트를 통해 얼마나 많은 사람들이 그림의 상징을 잘 알아보는지 확인한다.

그래서 픽토그램은 현 사회를 그대로 반영한다. 그림 3은 일상적으로 자주 접하는 그림이다. 첫 번째 그림은 에스컬레이터를 탈 때 어른이 아이 손을 잡고 타야 안전하다는 것을 상징적으로 보여주고 있다. 두 번째 그림은 안내나 상담을 하는 모습을 통해 안내나 상담

그림 3

장소를 표시하고 있다.

그런데 첫 번째 그림은 어른을 여성으로 나타내어, 아이는 여성
이 돌본다는 통념을 은연중에 드러낸다. 픽토그램은 해당 사회를
반영하기에 아이는 엄마가 돌보는 한국 사회에서 어쩌면 너무 자
연스러운 그림이다. 많은 사람들은 이 그림을 보고 아이들을 잘 챙
겨야 한다고 생각할 것이다. 그러나 이 그림은 '아이는 엄마가 돌본
다'는 고정관념을 강화시키는 역할을 하기도 한다. 두 번째 그림 역
시 안내하는 사람은 여성, 안내 받는 사람은 남성으로 되어 있어 안
내자는 여성이라는 고정관념을 반영하고 있다.

픽토그램, 현실의 통념 깨기

아기띠를 한 남성들, 유모차를 끄는 남성들, 아이 돌봄을 하는 남
성들이 많아지면서 픽토그램도 변화하고 있다. 그림 4는 2011년에
'어린이동반자 우대석'의 그림을 기존의 치마 입은 여성에서 성 중

그림 4

그림 5

립적인 사람으로 바꾼 것이다. 물론 성 중립적인 사람의 모습이 전혀 중립적이지 않고 기존의 남성을 상징한다는 비판을 받기도 하지만, 기존의 성 역할 고정관념을 깨는 것은 분명해 보인다.

이 픽토그램은 육아를 하는 남성이 많아지면서 나타나는 변화를 담고 있기도 하지만, 동시에 육아가 남녀 모두의 몫이라는 새로운 가치를 전파하고 있기도 하다. 육아는 여성의 몫이라는 기존의 고정관념을 깨는 것이다.

그림 5는 오스트리아 비엔나의 노약자·임산부석 픽토그램인데, 좀 더 구체적이고 분명한 그림으로 기존의 통념을 깨고 있다.

신호등, 가치와 지향의 각축장

이처럼 픽토그램은 현실을 반영할 뿐 아니라 해당 사회의 가치 및 지향을 담아내기도 한다. 횡단보도 신호등의 픽토그램을 살펴보면, 신호등 또한 나라마다 다양한 문화를 담고 있음을 알 수 있다.

프랑스의 신호등 그림은 파리 시내를 뒷짐 지고 산책하는 사람의 모습이다. 호주 멜버른 시는 신호등의 디자인을 치마 입은 여성으로 바꾸었다. 평등한 건널목 운동(equal crossings initiative)의 일환으로, 횡단보도 내 보행자 신호등을 같은 수의 남자와 여자로 교체한 것이다. 호주가 이렇게 신호등의 픽토그램을 바꾼 것은 신호등의 남성 그림이 남성 중심적인 사회를 그대로 반영한다고 생각했기 때문이다.

2011년에 서울시도 신호등 픽토그램을 남성에서 여성과 남성이 함께 있는 그림으로 바꾸자고 제안했지만 "신호등이 왜 성차별이냐?"는 반대에 부딪혔다. 호주 멜버른 시와 한국 서울시는 성 평등에 대한 감수성이 다르다는 현실이 픽토그램에도 반영되고 있다.

픽토그램이 사회를 반영하면서 동시에 사회에 대한 편견을 깨는 역할을 한다는 사실은 오스트리아 비엔나의 동성애 지지 신호등에서도 찾아볼 수 있다. 비엔나는 2015년 5월 유럽 최대 음악 경연대회인 '유로비전 송 콘테스트'를 앞두고 동성애 지지 신호등을 6주 동안 49곳에 설치했다.

또 다른 사례로, 트랜스젠더 등이 함께 이용할 수 있는 젠더리스

화장실을 들 수 있다. 이처럼 픽토그램은 편견을 깨고 다양성을 드러내는 지향을 담기도 한다.

픽토그램이 사회의 반영이면서 동시에 인식을 변화시켜나간다는 사실이 바로 성 평등한 픽토그램이 필요한 이유다. 픽토그램은 우리에게 굳이 성별 고정관념에 사로잡히지 말고, 성별과 무관하게 누구나 자기가 좋아하는 것을 하자고 말한다.

20

존재하기 위한 투쟁

"없어요."

"소문만 들었어요."

"아직 한 번도 못 봤어요."

"남고이다 보니까 게이인 척하는 애들은 있는데, 실제로 그런
애들은 없는 거 같아요."

"학교에 게이나 레즈비언이 단 한 명도 없다고 생각해요?"[57]라
는 질문에 대한 학생들의 대답이다. 학생들은 소문을 통해 그런 사
람들이 '있다'는 것은 알지만 실제로 만난 적은 '없다'고 증언한다.
그런데 정말 그들 곁에 게이나 레즈비언은 없는 걸까? (게이인 척하
는 애들은 있는데도) 실제로 그런 애들은 없다는 확신은 어디에서 오

는 걸까? 풍문으로만 존재하는 '그 존재'들은 대체 어디에 살고 있는 것일까?

보이지 않는 사람들

2014년 입소스(Ipsos)가 선진 15개국 1만 2,000여 명을 대상으로 실시한 '동성 커플에 대한 인식 조사' 결과에 따르면, 주위 친한 지인 중 LGBT(레즈비언, 게이, 양성애자, 트랜스젠더)의 존재를 가장 적게 알고 있는 국가는 바로 한국(4%)이었다.[58] 가장 많이 알고 있는 국가는 스페인(63%)이었고, 호주(61%), 영국(58%), 미국(58%)이 뒤를 이었다. 일본은 8%로 나타났다. 이러한 수치를 두고 스페인이나 호주, 영국과 미국에 성소수자가 많고 한국이나 일본은 성소수자가 적다고 해석할 수도 있지만, 그보다는 주변 사람들에게 자신의 정체성을 밝히지 못하는 문화가 일본과 한국에 강하다고 분석할 수 있다. 한국의 청소년들이 주변에 성소수자가 없다고 답하는 것은 실제로 그들이 없어서가 아니라 '보이지 않기 때문'이라는 얘기다.

없거나, 없는 것으로 믿거나, 없을 것으로 추정되는 위치에서 묵묵히 자기 '존재'를 드러내지 않는 방식으로 살아가는 이들이 있다면, 그 안에는 성소수자가 포함되어 있을 것이다. 말할 기회가 없을 뿐더러, 설령 누군가 관심을 가지고 "너의 성적 지향은 무엇이니?"

라고 질문하더라도 무심하게 "나는 레즈비언이야"라고 답할 수 있는 사회가 아니기 때문이다. 이 문제는 "혈액형이 뭐니?"라는 질문처럼 가볍지 않은 데다, "난 A형, 그런데 너는?"이라며 되묻는 질문을 보낼 수도 없다. 요컨대 성 정체성/성적 지향을 공유하는 일은 혈액형에 대한 정보를 주고받는 일과 달리 어떤 답변을 하느냐에 따라 부정적인 영향력을 발휘하기 쉽다. 혈액형이나 성 정체성에 대한 질문 모두 특정한 편견에 기대어 상대를 쉽게 규정하려는 의도를 포함하지만, 혈액형은 그에 대한 편견이 상대에 대한 배척이나 경멸로 이어지지 않는 것과 달리 성 정체성은 정상과 비정상을 가르는 기준으로 작동하기 때문이다.

사회가 말하는 소위 '정상 범주'를 벗어난 존재에 대한 낙인과 그에 따른 부정적 영향력은 즉각적이고 구체적이며 직접적이고 절대적이다. 성(sexuality)이 사적 영역이 아니라 매우 정치적이라고 주장하는 맥락에는 섹슈얼리티 권력이 촘촘하게 작동하는 '일상'이 존재한다. 모든 사람은 '여자' 아니면 '남자' 중 하나라고 확신하는 사회에서라면 자신의 젠더를 궁금해하거나 질문해보는 일도 쉽지 않고, 동성애를 터부로 여기는 문화에서라면 동성에게 향하는 마음을 알아차리는 것도 어렵다. 그런 의심은 존재의 안팎에서 되풀이해서 질문받거나 거부된다. 그 과정에서 스스로 '정상성'의 범주를 벗어난 것 같다고 느끼기 쉽고, 설사 자기 자신을 직시하더라도 그 사실을 밝히는 것이 곧 존재 자체에 위협이 된다면 그것은 '존재하지만 말할 수 없는 것'이 되어버린다. 그리고 말할 수 없는 것이 된 이상, '존재하지 않는 것처럼' 살아내야만 하는 삶이 시작된다. 그런데 어떻게 '사적인' 일이라고 규정할 수 있는가 말이다. 말할 수 있는 성, 밝힐 수 있는 성이 정해져 있고 그것이 차별의 근거로 사용될 때, 존재의 삭제가 생존의 전략이 될 때, 이는 '정치'의 영역이 된다.

동성애자가 없다고 생각하면 편할까

'게이나 레즈비언이 주변에 없다'고 응답하던 영상 후반부에는 '퀴어문화축제'에 참여한 청소년 성소수자의 인터뷰가 이어진다. 이들에게 학교는 자신의 정체성을 드러내기에는 위험한 장소다. 굳이 드러내서 차별과 모욕의 대상이 되기보다는 시스젠더 이성애자로 추측하도록 내버려두는 편이 학교 사회에서 살아남는 방식이다. 성소수자 청소년이 자신을 드러내고 온전한 '나'가 되는 장소는 성에 따른 구별짓기에 저항하는 사람들이 모여드는 한정된 공간뿐이다. 안전하지 못한 학교에서 이들의 존재는 삭제되지만, 안전한 공간에서는 비로소 (두려움 없는) 그대로의 모습으로 웃고 떠드는 게 가능해진다. 성장기의 대부분을 보내는 학교에서 성소수자라는 이유만으로 다른 모습을 연출하며 살아가야 하는 상황은 스스로에 대한 원망과 부정적인 자기인식을 불러일으키기 쉽고, 스스로를 감추고 거부해야 하는 시간이 길어질수록 이 시간들은 당사자에게는 큰 좌절로 온다. '저들은 왜 내가 당연히 이성애자라고 생각할까?', '아무 잘못도 하지 않았는데 왜 나는 나에 대해 말하지 못하며, 커밍아웃 후의 비난을 감내해야 하나?'에 이르기까지 홀로 답해야 하는 것들이 많아질수록 청소년 성소수자의 고립은 깊어질 수밖에 없다.[59]

모두가 시스젠더 이성애자일 것이라는 착각 속에 구성된 학습 환경은 그렇지 않은 학생들에게는 적대적 환경으로 작동한다. 그리고 이러한 적대적 환경은 평등하게 보장받아야 할 온전한 학습권을 침해하는 것이기도 하다.[60]

조금만 생각해보면 우리 곁에는 시스젠더 이성애자들만 있지 않다. (이성애자 아닌) 홍석천과 (시스젠더 아닌) 하리수도 커밍아웃하기 전부터 함께 살아가고 있었다. 자신의 정체성과 성적 지향을 밝히지 않았다고 해서 내 곁의 친구가 시스젠더 이성애자라고 전제하는 것은 이원 젠더 시스템에 기반한 이성애 중심 사회의 중대한 착각이다. 어느 학교나 있었다던 여자 친구들에게 인기가 많았던 그 '여자애', 여자에게는 관심이 없었던 그 '남자애', 그 애들은 정말 '이성애자'였을까? 정말 '여자애'이거나 '남자애'였을까?

중학교 때 성소수자를 풍자하는 그런 정보들이 많이 유행했어요. 빌리 아시죠? 영상을 편집해가지고 웃기게 만들어놓고, (중략) 그걸 보고 안 좋게 이야기할 거 아니에요, 본인이 아니니까. 그래

서 그런 거 같아요, 남들한테 말하면 안 되겠구나. (시연)

초등학교 1학년 때 입학식을 하잖아요. 입학식을 하면서 여자 줄, 남자 줄 나눠서 세운단 말이에요. 근데 저는 어느 쪽에도 서고 싶지 않은 마음이 컸거든요. (수민)

『Q로 만드는 울타리』에 실린 이 인터뷰는 기억 속의 그 아이의 침묵에 대해 한 번쯤은 다시 생각할 필요가 있다는 사실을 알려준다. 너무 간단히, 편의적으로 진단해버리는 바람에 그 친구가 자신의 모습을 드러내지 못하도록 막지는 않았는지, 차별적인 말을 농담처럼 해대면서 아무 말도 못하게 만들어버린 건 아닌지 말이다.

보고자 한다면 보이는 사람들

성소수자의 존재를 삭제하는 문화가 지배적인 한국 사회에서 그나마 이들이 '함께 살아가는 중'이라는 사실이 알려진 것은 1990년대에 시작된 성소수자 운동 덕분이라 할 수 있다. 없는 듯 살아오던 사람들이 드디어 "너희가 '일반'이라고? 그럼 우리는 '이반'이라 부르지 뭐"라는 위트 있는 이름을 택하면서 정상과 비정상을 임의로 가르는 세계에 질문을 던졌다. 질문을 던지는 사람과 그에 응답하는 사람들이 함께 움직이면서 세상은 조금씩 달라지고 있다. 커밍아웃하는 사람들도 많아졌고, 과거보다는 자신의 성 정체성을 사유하는 사람도 늘고 있다. 2013년에는 대한민국에서 처음으로 동성 결혼식이 열렸다. 현행법상 합법적인 부부로 인정받지 못하지만, 김조광수·이승환 부부는 2013년 9월 7일 청계천 광통교에서 결혼식을 올려 동성 커플이 누릴 수 있는 '당연한' 삶의 한 가지 모델을 보여주었다.[61] 점차 '말하는' 성소수자가 늘어나고, 들으려는 이들도 늘어나고 있다.

이때 중요한 점은 이제까지 쉽게 생략해도 됐던 '존재들'을 만나는 방식이다. 성소수자인 내 곁의 친구가 커밍아웃을 한다면, 그 어려운 고백을 한 친구에게 어떻게 반응해야 할지 고민해야 한다는 말이기도 하다. 이에 대해 전수안 전 대법관은 "나는 동성애를 인정한다"는 입장은 적절하지 않다는, 하나의 기준점을 알려주었다.[62] "네가 이성애자인 걸 인정해"라는 말이 부적절하듯이, 그 존재를 인정하고 말고는 내 권한이 아니다.

20여 년이 지난 지금도 성소수자에 대한 혐오와 차별은 여전히 거세지만, 이러한 움직임 속에서 점점 많은 사람들이 성소수자의 '존재'를 인식하기 시작한 것은 중대한 변화다. 그러니 더 늦기 전에 나와 내 주변 사람들이 당연히 시스젠더 이성애자라는 판단은 접어두는 것이 좋겠다. 아직도 주변에 성소수자가 아무도 없다면, 그들이 존재하지 않아서가 아니라 당신에게만 말하지 않은 비밀일

가능성이 높다. 이럴 땐 '왜 나는 고백의 상대가 되지 못했을까'를 스스로에게 질문해보도록 하자. 문제는 말하지 못하는 사람들이 아니라 들을 준비가 덜된 나에게 있을지도 모른다.

4장

함께 만들어가는 변화

21

하나도 자랑스럽지 않습니다

-남는 구멍 있어요? / 2인실입니다 / 남자는 뭐다? / 구멍이 있으면 들어가는 게 남자다/ ○○굴 들어가시겠습니까(Y/N) / ㅅㅂ년 (2017년 XX대 △학과 남학생 단톡방)

-여자냐, 과방으로 데려가라/ 형 참아 / 못 참는다 / 여자애들이 야동 품번을 알까? / 다 알 거야, 다 한 번씩은 박혀봤을 텐데 (2016년 SS대 ▢학과 남학생 단톡방)

-새따(새내기 따먹기)는 해야 되는데/ 새터에서 이쁜 애 있으면 샷으로 먹이고 쿵떡쿵 / ○○○(여학생)은 다 맛볼라 하네 / ○○○은 먹혔잖아 (2016년 KK대 ○학과 남학생 단톡방)

우리 과 '남자 단톡방'은 만들어진 지 1년이 넘었다. 15학번 신입생으로 입학하면서 생긴 톡방이다. 처음엔 단톡방을 보면서 단톡방에서 말할 만한 수위를 넘을 때가 있다고만 여겼지, 문제라고 생각하지는 못했다. 하지만 다시 톡방을 돌이켜보면서 왜 그때는 진지하게 문제로 인지하지 못했을까 생각해본다. 기숙사 여학생층에 가서 단체로 "자위하고 사정하자고" 이야기하고, 여자가 옆에 있으면 "꼬추도 넣어"와 같은 말을 단톡방에서 하며 웃을 수 있고 'ㅋㅋㅋㅋ'로 화답하며 농담으로 받아들이는 문화를 나는 어떻게 넘어갈 수 있었을까….

– '하나도 자랑스럽지 않습니다', 단톡방을 제보한 남성의 이야기 중에서[63]

하나도 자랑스럽지 않습니다

한 남학생이 학교에 대자보를 붙였다. '하나도 자랑스럽지 않습니다'라는 제목의 이 글은 남학생 단톡방에서 이루어진 여자 동기와 선배에 대한 성희롱을 문제 삼고 있었다. 글쓴이는 함께 공부하는 여자 동기와 선후배들을 성적으로 모욕하며 키득거리는 동기 남자들의 문자 대화를 같은 단톡방에서 1년 넘게 보면서도 어떻게 '(그냥) 넘어갈 수 있었을까를 두고' 스스로에게 질문하고 있었다. 1년이라는 긴 시간 동안 그 문화에 눈감을 수 있었던 이유가 무엇인지, 돌이켜 생각하면 이해할 수 없었던 과거의 자신에 대한 질문이었다.

언제부턴가 남자 대학생들이 모인 단체 채팅창에서 일어나는 성희롱 사건이 신문을 장식하고 있다. 함께 공부해왔던 남자 동기와 선배들이 '남는 구멍', '2인실', '강간해버려', '새따', '쿵떡쿵' 등의 강간과 연관된 말을 내뱉고 여자 동기와 선후배들을 집단으로 소비하는 장면은, 본인도 모르게 성희롱의 대상으로 소비된 여학생들은 물론 세간의 사람들도 믿기 어려운 것이었다.

처음 이 사건은 몇몇 몰지각한 남학생들의 잘못된 일탈로 여겨지기도 했다. 하지만 다른 대학에서도 남학생들의 단톡방 성희롱 사건 제보가 이어지고 학내 행사에서의 여성/성 상품화 사건이 줄지어 터지면서 대학 내 남성 지배 문화의 윤곽이 점차 드러나기 시작한다. 여성 혐오가 심한 일부 남자들의 일탈로 보려는 관점으로는 '단체' 톡방에 참여 중인 다수의 '일부' 남성들의 공모를 설명할 수 없었다.

그 대화창은 단체톡에 참여 중인 남성 모두가 볼 수 있었고, 성적 모욕글이 올라왔을 때 모두가 그 내용을 함께 읽었다. 누군가는 직접 모욕을 했을 테고("첫 만남에 강간해버려!"), 누군가는 장단을 맞추었을 테고("와, 이 톡 첨 만들었을 때보다 발전했네, 자랑스럽다"), 누군가는 키득거리고("ㅋㅋㅋㅋ"), 또 누군가는 이런 대화를 찌질하다고 여겨 창을 닫았을 것이다. 아마도 대자보를 쓴 남학생은 마지막 네 번째 유형의 참여자였을 것이다. 직접적으로 여성을 모욕하지 않았고 성희롱에 장단 맞추거나 함께 키득거리지는 않았을 테지만, 가만히 있는 방식으로 집단적 성희롱이 방해받지 않고 안전하게 실행될 수 있는 안전 바 역할을 톡톡히 해냈다. 폭력을 완성시키는 것은 바로 이러한 다수의 침묵이다.

침묵에 대하여

'침묵'은 여러 의미를 가진다. 침묵은 말하지 않는다는 뜻이지만, 그렇다고 해서 말하지 않는 것은 아니다. 요컨대 침묵은 말하지 않는 것을 통해 의미를 전달하는 주요한 도구다. 단톡방 성희롱이 그러했듯이, 침묵은 1년이 넘는 성희롱을 모두의 비밀로 만들었다. 이때의 침묵은 범죄를 비밀로 만드는 중요한 도구이자, 성적 모욕에 대한 집단적 합의로 읽힌다.

어떤 이들은 침묵을 저항의 언어로 사용하기도 한다. 일례로 침묵시위는 상대에게 나의 의사를 침묵으로 전달하고 그것에 대한 상대방의 사유와 성찰을 촉구한다. 하지만 이때의 침묵은 상대에게 내 의사를 분명히 전달한 이후의 침묵이다. 멤버십을 가진 공간에서 의사 전달 없는 침묵은 멤버들 사이에서 '우리와 입장을 같이함'으로 이해되며, 그것을 십분 활용한다. 그렇기에 찌질해서, 말 섞기 싫어서, 나는 저들과 같은 부류가 아니라서, 더러워서 피하는 간편한 방법으로서의 침묵은 잘못된 것에 대한 동의와 공모가 된다.

이웃 간의 정이 살아 있다고 하는 시골 마을에서 지체장애 여학생에 대한 마을 남자들의 단체 강간 사건이 끊이지 않는 것도 단톡방 성희롱 사건의 메커니즘과 다르지 않다. 적절한 강간의 대상을 물색하는 남성과 강간에 동참하는 남성들, 그것을 강간이 아니라 성관계라 부르며 성적 자극거리로 소비하는 사람들, 마지막으로 그 사실을 알고도 '남자라면 그럴 수 있는 일'로 여기는 마을 사람들의 침묵-합의가 범죄를 완성한다.

문제가 심각한 지경에 이른 디지털 성범죄도 그것을 재미로 소비하고 '딸깜'으로 소비하는 사람들의 참여 속에서 동력을 얻는다. 신문을 통해 여성의 몸을 몰래 촬영하다가 경찰에 잡힌 범인들이 왜 그랬냐는 경찰의 질문에 "나도 찍어보고 싶었다"라고 답한다. 온라인에 접속하기만 하면 몰래 찍은 여자들의 몸 사진이 즐비하다 보니, '나도 할 수 있을까? → 나도 할 수 있겠네 → 나도 한번 해보자!'라는 식으로 의식이 흘러간다.

남자들 사이에서 비동의 촬영 및 유포자를 남자다움으로 수용하는 문화는 이런 의지에 기름을 끼얹는다. 종종 이것은 대범함이나 남자다운 똘기로 칭송되거나, 찌질하긴 하지만 남자라면 할 수 있는 일로 여겨진다. 이런 분위기에서 그들이 보고 있는 촬영물 속의 여성의 분노와 고통과 두려움은 남성들 사이에 존재할 자리를 잃는다. 그 여성은 그들에게 딸깜으로 존재할 뿐, 인격이 아니다. 인격으로 느껴지지 않는 한 그 몸을 딸깜으로 소비하는 일에는 죄책감이 없고, 각종 성범죄 영상과 사진을 돌려보는 것을 보면 그런 자신에 대한 부끄러움조차도 없는 것 같다.

남성들이 디지털 성범죄 문제를 자신의 문제로 여기지 못하고 '일부' 남성들의 문제로 환원하고 그것에 대해 말하지 않는 건 여전히 침묵이라는 선택지가 남아 있기 때문이다. 여성에게는 존재하지 않는 안전한 선택지 말이다.

그것은 왜 문제가 아니었을까

단톡방 성희롱, 마을 남성들의 집단 성폭력, 불특정 다수의 여성 몸을 전방위적으로 소비 중인 디지털 성범죄를 지켜보다 보면, 여성의 몸을 매개로 남성들이 맺고 있는 결연한 연대와 마주친다. 분명히 이런 행태들이 문제적이라고 직감하는 사람들도 그 안에 존재했을 것이다. 하지만 굳건한 침묵의 연대 속에서 그 부정의함을 선뜻 말하기란 어려울 것이다. 그러다 보니, '하나도 자랑스럽지 않고 하나도 쿨하지 않습니다'라는 모 대학교 남성의 목소리가 더 반갑고 그 용기에 박수를 보내게 된다. 집단적 성희롱의 동력이 되어주었던 모두의 침묵을 깨고, 그건 '쿨한 게 아니라 성폭력'이라고 말하고 있기 때문이다.

여자들 품평과 성희롱을 '쿨하게 넘어가야 하는 것', '남자라면 같이 즐길 수 있어야만 하는 것', '자랑스러운/남자다운 놀이문화'로 승인하지 않고 드디어 브레이크를 걸었다.

물론 여전히 가속 페달을 밟고 싶은 이들은 많다. 브레이크를 건 이들에게 "화장실 낙서 같은 걸 왜 문제 삼는 것인지 이해되지 않는다"며 "카카오톡 내용이 마음에 안 든다고 당사자 동의 없이 공론화시키는 건 형법상 비밀침해죄에 해당되어 처벌받을 수 있다"(ID m***)고 으름장을 놓기도 한다.

그런 이들에게 아직까지 이 문제는 '문제'로 인식되지 않는다. 대자보를 쓴 이도 1년 전에는 그것을 문제 삼지 않았다. 이 글을 읽는 누군가에게도 여전히 이 문제는 '문제'가 아닐지도 모른다. 나 또한 20살까지는 남성들의 놀이문화를 '놀이'로만 여겼다. 남자고등학교에서는 치마 입은 교사가 지나가면 발밑에 거울을 놓는다는 얘기도 남자들 참 엉큼하다며 웃고 넘겼더랬다. 그런데 지금은 하나도 웃기지가 않다.

남성들의 '그 놀이'를 위해 여성들이 감내해야 하는 위험이 너무 크다는 걸 알게 된 후에는 웃을 수가 없다. 상대의 존재를 훼손하면서까지 낄낄거려야 하는 이유가 있을까? 존재를 침해할 권리가 우리에게는 없다. 그것은 권리가 아니라 상대의 훼손으로 획득되는 특권이라는 사실을 기억해야 한다. 그러니 이제 가속 페달에서 발을 떼어야 한다. 더 부끄러워지기 전에 말이다.

22　군대, 가는 성(性)과 가지 않는 성(性)

아이가 초등학교 1학년 때 남자는 왜 군대에 가야 하냐며, 며칠 동안 군대 문제로 고민했던 적이 있다. 내가 놀랐던 것은 초등학교에 갓 입학한 아이가 '군대' 이야기를 꺼냈기 때문이다. 아이보다 많아봐야 한두 살 위인 형들이 남자는 군대에 가야 한다는 얘기를 하니, 아이는 왜 남자만 군대에 가냐고 억울하다는 듯 물었다.

당시 나의 답변은 궁색했다. "우리나라는 남자만 군인으로 모집하고 있는 징병제를 하고 있어서 그런 거야. 가고 싶은 사람만 가게하는 모병제로 바꾸면, 남자든 여자든 원하는 사람만 갈 수 있어. 네가 크면 통일도 될 거고, 그러면 우리나라도 모병제가 될 거야."

군대를 가는 자와 가지 않는 자

8살 아이가 군대에 갖는 공포와 왜 남자만 군대에 가냐고 묻는 질문은 현재 한국 사회에서 군대가 어떻게 인식되고 있는지를 잘 보여준다. 요즘 들어 군대 자살이나 총기 사건 등을 자주 접한다. 그리고 그러한 배경에는 군대라는 폭력적인 조직과 문화가 자리 잡고 있다. 그래서 많은 남자들에게 군대는 '가고 싶지 않은 곳'이 되고 있다. 게다가 갈수록 심각해지는 청년실업 때문에 군복무 기간은 사회에서 뒤처지는 시기로 여겨진다.

그러다 보니 군대는 남성들이 희생하는 곳이 되고, 남성들은 희생을 보상해줄 '무엇'을 이야기한다. 그 무엇의 중심에 군가산점제도가 있다. 1999년 군가산점제 폐지는 희생에 대한 보상이 없어진데 대한 억울함과 분노로 나타났다. 남성들이 보기에 여성들은 전혀 희생하지 않고 혜택을 누리는 존재로만 보인다. 그래서 군대 문제와 관련해 남성들 사이에서 여성에 대한 분노와 적개심이 자주 표출된다.

국민신문고에 '군대'란 검색어를 입력하면 '여성도 남성과 같이 군에 가야 한다. 현재의 병역법은 남성에 대한 역차별이다'란 취지의 민원을 많이 접할 수 있다. 국민신문고뿐 아니라 청와대 신문고에도 여성징병제 요구가 넘쳐난다.

헌법에서 정하고 있는 국민의 4대 의무는 국방, 교육, 근로, 납세다. 헌법 제39조 제1항은 "모든 국민은 법률이 정하는 바에 의하여 국방의 의무를 진다"고 규정하고 있다. 그러나 병역법 제3조 1항은 "대한민국 국민인 남성은 헌법과 이 법에서 정하는 바에 따라 병역 의무를 성실히 수행하여야 한다. 여성은 지원에 의하여 현역 및 예비역으로만 복무할 수 있다"고 규정한다. 여성은 국방의 의무를 져야 하는 국민이지만, 병역의 의무는 지지 않아도 되는 것이다.

병역법이 남성에게만 병역 의무를 부과해 평등권과 거주 이전의 자유를 침해한다는 헌법소원에 대해 헌법재판소는 합헌 결정을 내렸다. 한국 정부는 모든 국민이 국방 의무의 주체이나 남녀 간의 신체적, 물리적 특성을 감안하여 남성이 병역 의무를 담당하도록 하고 있다고 말한다.[66]

이렇게만 보면 남성과 비교해 여성들이 특권을 갖는 것처럼 보인다. 한편으론 여성이 국민의 4대 의무 중 하나인 국방의 의무에서 면제되는 게 과연 특권인가라는 생각이 들기도 한다. 병역 의무는 바로 국민 될 권리와 밀접하기 때문이다.

우리가 가지고 있는 징병제에 대한 부정적인 인식과 달리, 징병제의 역사는 평등한 시민의 권리와 함께 시작됐다. 시민은 곧 군인이라는 개념은 고대 그리스 도시국가에서 유래해 지금까지 이어져오고 있다. 시민은 동등한 권리를 갖기 위해 국가를 방어할 책임을 갖고, 시민으로서 할 수 있는 가장 고귀한 희생은 국가를 위해 목숨을 바치는 것이다. 프랑스가 나올레옹시대인 19세기 초 국민개병제를 최초로 도입한 이후, 많은 나라에서 징병제는 국가건설의 가장 중요한 도구가 되었다.

징병제는 신분제가 존재했던 때에는 계급 차이를 뛰어넘어 남성들이 민족의 이름하에 집단생활을 하면서 민주주의와 평등을 드러내는 상징으로 작동했다. 그래서 프랑스와 같은 서구사회에서 징병제는 시민들이 귀족과 같은 권리를 키워나가는 데 실질적인 기능을 했다.[65] 그만큼 군대는 한 국가의 국민(시민) 되는 권리와 맞닿아 있다.

이런 측면에서 보면 여성의 병역 면제는 특권이 아니라 국민 될 권리의 배제로 읽힐 수도 있다. 우리나라는 국민에도 층이 나뉘어 있는 것 같다. 병역의 의무를 지면서 국방의 의무를 다하는 국민과 그렇지 않은 국민으로 말이다. 그리고 그 국민의 경계는 성별로 나뉜다. 국가는 누굴 더 국민이라고 생각할까? 군대에 다녀온 남성들은 여성들이 자신들과 동등한 국민이라고 생각할까?

남성만이 군대에 가는 희생과 억울함을 해결하고, 여성도 남성과 동등한 국민이 되기 위한 해법은 무엇일까? 어쩌면 아주 간단하다. 바로 여성도 남성과 동등하게 군대에 참여하는 것이다.

그렇다면 여성이 군대에 참여하면 현재 우리 사회가 징병제로 인해 안고 있는 폭력적인 군대 조직과 문화 등이 해결될까? 군대 문제를 '누구는 가고, 누구는 안 가고'의 관점으로만 접근하는 게 과연 군대에 대한 공포로부터 벗어나는 데 도움이 될까?

지금의 상황이라면 여성이 남성과 같이 군대에 가더라도 군대에 대한 공포는 사라지지 않을 가능성이 높다. 1950년에 여군이 창설된 이래, 여성은 하사관 지원을 통해 군에 입대할 수 있다. 1990년대 후반부터 3군 사관학교는 여성을 입학 정원의 10% 이내로 받기 시작했고, 2010년에는 ROTC도 여성을 뽑기 시작했다. 현재 여군은 6%를 차지한다. 그러나 여군에 대한 폭력 및 성폭력 증가, 여군의 낮은 대표성 등 여러 가지 문제점을 안고 있다. 군대 안에서 여성은 주로 보조적인 역할에 머물고 전투 지원에 한정되어 있어 주요 보직에서 배제될 뿐 아니라, 성폭력에 일상적으로 노출되어 있다.[66]

지금과 같은 군대라면 남성만이 아니라 여성 또한 군대를 폭력으로 경험하고 군복무에 대한 억울함과 분노를 토로할 가능성이 높다. 많은 페미니스트들은 여성의 군 참여를 군대 내 민주주의와 성 평등의 문제와 연결시켜 이야기해왔다. 그렇다면 여성징병제에 대한 논의가 과연 민주주의와 성 평등에 대한 논의로 이어질 수 있을까?

여성징병제를 택한 이스라엘과 스웨덴의 차이, 성 평등 관점

여성을 징병 대상[67]으로 삼고 있는 이스라엘과 스웨덴/노르웨이의 사례는 우리에게 시사하는 바가 크다.[68]

이스라엘은 2차 세계대전이 끝난 후 1948년에 팔레스타인 지역에 국가를 건설하면서부터 주변 아랍국을 비롯해 땅을 빼앗긴 팔레

스타인들과 전쟁을 시작했다. 당시 여성도 함께 전쟁에 참여했고, 이후 여성들은 징병 대상이 되어 21개월 동안 군복무를 한다(남성 36개월).

이스라엘의 여성징병제에 대한 다양한 평가들이 있는데, 긍정적으로는 가족과의 결속/의존이 큰 여성들이 자율성을 확보하고 관계의 폭을 넓혀 사회활동 경험이 확대되고 있다고 한다. 그러나 성평등이란 측면에서 보면 군대 안에서 어머니로서의 역할이 강조되면서, 오히려 군대를 통해 여성들이 성차별과 성별 분업을 자연스럽게 받아들이는 결과를 낳고 있다. 그 결과 이스라엘 여성들은 국민 될 권리의 전제조건이라고 할 수 있는 병역 의무를 지지만 남성과 동등한 국민이 되지는 못하고 있다.

그에 반해 스웨덴과 노르웨이는 1970년대부터 여성징병제를 '국민 될 권리'와 연결시켜 고민하면서 남녀평등을 위해 여성도 군대에 가는 것에 대한 논의가 계속되었고, 2000년대부터는 실질적으로 여성 징병을 고민해왔다. 그 결과, 노르웨이는 2016년 7월부터 여성에게도 19개월 동안의 군복무를 의무화했고, 스웨덴은 2018년에 다시 징병제로 전환하면서 남녀 모두를 징병 대상으로 삼고 있다(징병제였다가 2010년에 모병제로 전환함).

스웨덴의 경우, 1980년 공군에서 최초로 여성 장교를 받아들인 이후 1989년에는 군대 내 모든 직위와 역할에 여성도 남성과 동등하게 참여할 수 있게 되었고, 2018년에는 여성도 징병 대상이 되었다. 이러한 일련의 과정에서 스웨덴은 여성을 군대에 받아들이면서 군대 안에서 성 평등을 이루기 위한 평등 계획을 지속적으로 추진해왔다.

스웨덴 정부는 여성이 징병 대상이어야 하는 이유에 대해 다음과 같이 말한다. "징병 대상을 스웨덴 전 인구로 확대하는 것은 더 좋은 인력을 선발하는 데 유리할 뿐 아니라 군대는 민주사회를 지키고 대변해야 하기 때문이다."

이스라엘과 스웨덴/노르웨이의 사례는 여성이 군대에 참여하는 것과 군대가 민주적이면서 동시에 성 평등한 곳이 되는 것이 서로 떼어놓고 생각할 수 없는 문제임을 보여주고 있다. 군대가 민주적이고 성 평등한 곳이 되기 위해서는 군대 문제를 풀어가는 과정에서 민주적이고 성 평등한 관점이 함께 따라야 한다. 즉, 민주주의와 성 평등의 관점에서 군대 문제가 다뤄져야 한다는 말이다.

현재 우리 군의 모습은 일제시대를 거쳐 한국전쟁을 겪고, 남북한 대결 구도에서 반공을 기치로 내건 군사정권을 수십 년간 거쳐야 했던 역사를 보면 이해가 되기도 한다. 언제든지 전쟁이 발발할 수 있다는 한국의 상황으로 인해 지금까지 군대 내 폭력과 불평등에 눈감아왔기 때문이다. 하지만 더 이상 남북한 대치 상황을 이유로 군대 내 비민주성과 불평등을 정당화할 수도 없거니와, 해서도 안 된다.

군의 폭력적인 조직과 문화 때문에 많은 남성들이 군대 가기를 두려워하고 군대를 희생으로 인식한다. 그러다 보니 군대 내 민주주의를 어떻게 확보할 것인가에 대한 논의는 없이 군대 가는 억울함과 분노를 여성에게 퍼붓는 건 아닐까?

우리의 군대도 평등과 민주주의를 기반으로 하여 군인들이 민주주의와 평등을 배우고 발전적인 경험을 할 수 있다면 어떨까? 그리고 군을 민주적인 공간으로 만들어가는 과정에 여성징병제가 필요하다면, '나만 가니 억울하다'가 아니라 성 평등의 관점에서 우리 사회 모두를 위한 제도를 찾아낼 수 있지 않을까?

23

스웨덴 아빠

이 사진은 스웨덴에서 만들어진 포스터다. 우락부락하게 생긴 남자 어른과 어린아이의 조합은 무엇을 나타내고 있는 것일까? 헬스클럽의 광고는 아닐 테고, 어른처럼 건강한 아이로 자랄 수 있다는 분유 광고인가?

정답은 스웨덴의 아버지 육아 독려 포스터다. 포스터에 나오는 남자는 유명한 역도 선수인데, 근육질의 남자가 자상한 표정으로 아이를 안고 있는 모습이 우리에겐 어쩐지 낯설기만 하다. 그런데 현재의 우리에게도 익숙하지 않은 이 포스터는 1970년대에 만들어졌다고 한다. 그렇다면 40여 년이 지난 지금, 스웨덴의 아빠들은 어떻게 지내고 있을까? 포스터가 스웨덴 아빠들의 육아에 어떤 영향을 미쳤을까?

라테 파파

2000년대 스웨덴 아버지를 흔히 '라테 파파(Latte Pappor)'라고 부른다. 한 손엔 카페라테, 다른 한 손엔 유모차를 잡고 있는, 거리에서 흔히 볼 수 있는 남자들의 모습을 일컫는 신조어다. 이들은 육아휴직을 사용해 집에서 아이들을 돌본다. 한국에서 엄마들이 낮 시간에 아이들을 데리고 엄마 모임에 가고 키즈카페를 찾듯이, 스웨덴 아빠들은 아이들을 데리고 커피숍을 가고 친구 모임에 참석한다. 1970년대에 만들어진 아버지 육아 독려 포스터는 40여 년이 지난 지금 현실의 '라테 파파'로 돌아왔다.

물론 포스터만의 힘은 아니다. 포스터와 함께 아버지가 육아를 할 수 있는 다양한 제도들이 마련되기 시작했다. 1974년에는 부모휴가제도가 만들어졌고, 그 기간도 180일에서 450일(1980년), 480일(2002년)로 확대되었다. 지금도 아이가 만 8세가 될 때까지 한 아이당 480일(16개월)의 휴가를 쓸 수 있다. 스웨덴은 부모휴가를 사용할 경우 부모들이 생계 문제를 걱정하지 않아도 된다. 1998년부터 휴직 전에 받던 임금의 80%를 지원해주기 때문이다. 480일 중 390일(13개월) 동안은 통상 임금의 80%를 받고, 나머지 90일(3개월)은 하루 180크로나(SEK)를 받으며 아이를 돌볼 수 있다.

스웨덴 부모휴가제도의 가장 큰 특징은 바로 '아버지 할당제'로, 아버지가 부모휴가를 사용하지 않으면 어머니도 부모휴가를 사용할 수 없다. 그렇다 보니 남성들은 의무적으로 3달(90일) 동안 아이들을 돌봐야 한다(1995년에 4주, 2002년 8주, 2016년 90일로 확대).

실제 스웨덴 아빠들을 보면, 남성들이 육아휴직을 사용하는 데 어려움이 없을 뿐 아니라 아주 자연스럽게 받아들이고 있다. 무엇보다 돌봄에 직접 참여하기 때문에 느낄 수 있는 아이와의 친밀감과 돌봄의 기쁨을 이야기하는 스웨덴 아빠의 모습은 더 이상 돌봄에 있어서 아빠와 엄마의 구분이 무의미함을 보여준다.

다국적 회계법인에 다니는 앤더스는 8개월 동안 아이를 본 게 직장에서 별문제가 되지 않는다고 말한다. "나의 상사도 두 아이를 돌보려고 각각 5달씩 휴직을 사용했어요. 그래서 내가 육아휴직을 사용하는 게 경력에 문제가 될 거라고 생각하지 않아요."

제법 큰 해운회사에 다니는 마르쿠스는 자신들 세대가 운이 좋다고 말한다. "선배 세대들이 우리를 위해 싸운 셈이죠. 지금 남자 상사들은 1950~1960년대생들이지만 이들도 아이를 가졌을 때 최대한 휴가를 사용했기에 지금 우리가 가족을 위해 시간을 쓰는 게 잘 받아들여지고 있지요. 오히려 상사들이 우리를 격려하는 게 자연스러워요."[69]

스웨덴 사회보험청에 따르면, 스웨덴의 부모휴가 사용률은 2011년 기준 여성 93%, 남성 98%로 오히려 남성이 더 높다. 그에 반해 한국의 남성 육아휴직 사용 비율은 전체 육아휴직의 8.5%(2016년) 수준이다. 물론 한국도 남성 육아휴직과 관련한 법제도가 마련되어 있다. 2001년 육아휴직제도가 처음 마련되었고, 현재는 부모 각각 12개월을 사용할 수 있다. 게다가 남성 육아휴직 촉진을 위해 아빠의 달 제도를 도입(2014년)해 한 아이에 대해 두 번째로 육아휴직을 사용하는 사람에게는 3개월까지 최대 150만 원을 지원하고 있다.

황혼육아, 2010년대 한국의 육아 모습

지금 한국의 아이들은 누가 돌보고 있을까? 굳이 통계 자료를 찾지 않더라도 알 것이다. 바로 엄마들이다. 어린아이를 가진 많은 여성들은 하던 일을 그만두는 소위 '경력단절'을 겪으며 아이를 돌보고 있다. 그런데 경력단절 후의 무서운 후폭풍을 겪지 않기 위해 '용감하게' 직장을 다니는 엄마의 아이들은 누가 돌보고 있을까? 요즘은 흔한 풍경이 되어버린 포대기에 아이를 들쳐 업은 할머니가 그들이다.

실제 이런 현실을 반영하듯 '황혼육아', '할마 할빠'란 말이 생겨났고, 각종 미디어에서는 조부모를 대상으로 손주 양육법을 이야기하며 조부모 양육의 장점을 찾아내고 있다. 다른 한편에서는 손주 양육으로 골병드는 조부모에 대한 이야깃거리가 넘쳐난다. 지금은 조부모 양육 전성기를 맞고 있다고 해도 과언이 아닐 정도다.

그런데 한 가지 기이한 점이 있다. 우리 사회에서는 아이를 돌보는 일에 남성, 즉 아버지가 보이지 않는다는 것이다. 아이를 낳으면 엄마가 휴직을 하거나 퇴사하고, 그도 아니면 할머니가 아이를 대신 돌본다. 할머니마저 여의치 않으면 어쩔 수 없이 베이비시터가 등장한다. 어디에도 아빠는 없다. 마치 아이는 여성만이 키워야 하는 것처럼 말이다. 그렇게 한국은 여성들끼리 폭탄 돌리듯 돌아가며 돌볼 사람을 찾고 있다. 주말이나 휴가 때 잠깐씩 아빠가 등장하기는 하지만.

물론 요즘은 양육에 직접 참여하는 아빠도 있다. 그러나 낮은 육아휴직 사용률이 보여주듯 극소수에 머문다. 남성들이 아이를 돌보면 무슨 일이 벌어질까? 한국에서는 한 번도 일어나지 않은 일이기에 상상에 불과할지 모르지만, 만약 같이 돌보며 같이 일한다면 어떤 새로운 모습이 생겨나게 될까? 엄마는 경력단절을 겪지 않아도 되고, 아빠도 회사에 헌신하느라 가족과 점점 멀어지는 일도 없지 않을까? 아빠도 아이와의 친밀감과 무엇과도 바꿀 수 없는 돌봄의 기쁨을 느낄 수 있는 날이 오지 않을까?

1970년대에 등장한 아버지 육아를 장려하는 포스터가 40년 후 '라테 파파'를 가능하게 한 것처럼, 2010년대에 아빠의 달 등을 도입해 아버지 육아를 장려하는 우리도 2030년에는 한국형 '마실 아빠'를 만나게 될 수 있기를 바란다. 한국은 워낙 속도가 빠르니 스웨덴이 40년에 해낸 것을 30년, 아니 어쩌면 20년 안에 해낼지도 모른다. 물론 그러한 변화는 바로 지금 우리의 실천에 달려 있다.

24

라곰과 휘게, 평등과 행복

우리나라에서는 초·중·고 시기에는 좋은 대학에 입학한다는 단 하나의 목표를 갖는다. 좋은 대학에 가는 것은 좋은 직장에 들어가기 위해서다. 그런데 이러한 목표를 가지고 열심히 고군분투한다면/했다면, 혹시 '좋은 직장'에 들어간 이후의 삶은 어떨지 생각해본 적 있는가? 좋은 직장을 구하기만 하면 멋진 커리어 우먼과 커리어 맨이 될 수 있을까?

그녀/그가 말하길…

she says, 나는 대학 졸업 후 좋은 직장에 취직했다. 싱글일 때는 야근도 가능하고 장기 출장도 가능해 어떻게든 남자 동료들처럼 일할 수 있었다. 달라진 건 결혼 후 아이를 낳고부터다. 나름 버틴다고 했지만 혼자서만 아이를 키우는 게 너무 힘들어 일을 그만둘 수밖에 없었다. 그런데 사람들은 나를 '경단녀'로 부른다. 아이가 어느 정도 크고 시간도 생기고 해서 생계를 위해 다시 일을 시작했다. 그런데 나는 10년을 일해도 월급이 오르지 않는 저임금의 비정규직 일자리에서 일한다.[70] 이제 사회에 내가 인정받을 수 있는 자리는 없다.

he says, 나는 대학 졸업 후 좋은 직장에 취직했다. 취직 후 직장 동료를 만나 결혼해 아이를 낳았다. 나는 얼마든지 늦게까지 일을 할 수 있다. 그러나 내 배우자는 아이를 돌봐야 해서 장시간 일을 할 수 없어 일을 그만뒀다. 함께 벌다가 혼자 벌게 되면서 경제적 압박감이 더 커졌다. 회사에서 잘리면 안 되기 때문에 회사에 헌신하는 모습을 보여주기 위해 전보다 더 열심히, 더 오래 일하게 되었다. 배우자는 혼자 아이를 돌봤다. 가족 안에서 평등한 가사와 육아 분담 같은 건 불가능했다. 아내와 아이들은 오히려 나와 함께 있는 걸 불편해한다. 그런데 회사에 헌신해도 회사는 나를 평생 고용하지 않았다. 나이 50에 퇴직을 했다. 가족들은 내가 집에 오면 바퀴벌레가 흩어지듯 각자의 방으로 흩어져 들어간다. 가족에 나의 자리는 없다.

이는 현재 한국의 전형적인 여성과 남성의 삶이다. 대부분 상상하지 않지만 도처에 널려 있는, 좋은 직장을 잡고 난 이후의 삶 말이다. 과연 직장은 도대체 어떤 곳이기에 그럴까? 얼마 전 큰 인기를 끌었던『미생』을 통해 한국의 직장이 어떤지를 엿볼 수 있다.

장그래는 비정규직으로, 정규직이 되기 위해 새벽부터 늦은 밤까지 죽을 만큼 열심히 일한다. 오 차장은 아이가 셋이지만, 매일 일찍 출근하고 늦게 퇴근해 아이들을 볼 새가 거의 없는 워킹파파다. 오 차장은 일에 열성적인 이로, 만성피로로 핏발선 눈을 하고 있다. 선 차장은 회사에 몇 안 되는 워킹맘으로 가사와 육아를 혼자 도맡아 하면서도 일도 척척 해내는 슈퍼우먼이다.

우리가 노력해 들어간 '좋은 직장'은『미생』에서 그려지는 직장처럼 열정과 헌신을 보여줘야 하는 곳이다. 그렇다면 직장에서 열정과 헌신을 나타내는 징표는 무엇일까? 학생이 얼마나 공부를 열심히 하고 있느냐를 얼마나 책상 앞에 오래 앉아 있느냐로 증명하듯, 회사원은 얼마나 늦게까지 회사에 남아 있느냐로 증명한다

그런데 문제는 자기 의지와 무관하게 '회사에 오래 남기 힘든 사람'이 생긴다는 점이다. 여성은 결혼하고 아이를 낳고 기르면서 돌봄 책임을 지게 되면 회사에 오래 남아 헌신을 증명하기 어렵다. 여성에 반해 남성들은 돌봄 책임에서 자유로우므로 회사에 오랫동안 남아 있을 수 있다.

아이가 있는 여성은 야근을 하면 "애 엄마가 아이 안 돌보고 야근하고 있어도 되냐?"는 얘기를 듣고, 아이를 돌보기 위해 정시 퇴

근을 하면 "그래서 애 엄마랑 같이 일하기 어렵다"는 말을 듣는다. 직장에서 아이 있는 여성들은 돌봄을 하기 위해 정시 퇴근하고, 아침에 아이를 돌보느라 지각하며, 아이가 아프거나 아이와 관련한 각종 일을 처리하느라 연차를 모두 사용하고도 부족하다.

기업주들은 여성을 뽑으면 출산전후휴가, 육아휴직 등 챙겨줘야 할 게 너무 많고 결국에는 대부분이 애 때문에 그만두므로 그동안 들인 공이 수포로 돌아간다며, 여성 인력은 뽑으면 손해라고 말한다. 그래서 기업주들은 여성들을 뽑지 않고, 여성들을 키우려 하지 않는다.

발상의 전환, 직장인의 기준을 '남성'이 아닌 '여성'으로

많은 여성들은 열심히 공부해 좋은 직장에 들어가고 직장에서 열심히 하면 성공할 수 있다고(아니, 생존할 수 있다고) 믿는다. 물론 직장에서 성공한/생존한 여성들의 이야기도 많지만, 그녀들은 대개 그냥 '우먼'이 아닌 '슈퍼우먼'으로 생존하고 있다.

그녀들은 회사에 헌신적이면서도 동시에 아내와 엄마 역할까지 잘해내기 위해 젖 먹던 힘까지 끌어 모아 고군분투한다. 오죽했으면 이런 여성의 현실을 꼬집듯이 '슈퍼우먼방지법'이 제안되기까지 했을까. 여성에게 직장은 보통 사람을 능가하는 능력이 있어야만 생존할 수 있는 곳이다. 여성이 직장을 다니기 위해서는 훨씬 특별해야 한다는 말이다.

하지만 모든 직장 여성에게 이처럼 특별함을 요구하는 게 당연한 일일까? 애초에 여성이 직장을 계속해서 다닌다는 것 자체가 불가능한 꿈인가? 여성은 지금처럼 애 낳기 전까지 일하다가 애 낳은 후에는 돌봄에 전념해 아이를 잘 키운 후 다시 비정규직으로 일하는 걸 운명으로 받아들여야 할까?

지금의 직장에서는 가족 돌봄 책임을 가진 사람들이 슈퍼우먼과 슈퍼맨이 되어야만 한다. 그런 곳에서 보통 사람으로서 일과 가족 중 하나를 선택해야 하는 것이 아니라, 일과 가족 돌봄을 함께 하면서 살 수 있는 방법은 없는 것일까?

여성과 남성이 슈퍼우먼과 슈퍼맨이 되지 않고서도 가족을 돌보고 일할 수 있으려면, 노동자의 기준을 바꾸어야 한다. 직장인의 기준을 남성에서 여성으로 바꾸는 발상의 전환이 필요한 때다. 아무도 돌보지 않아도 되는 남성이 아니라 누군가를 돌봐야 하는 여성이 그 기준이 되어야 한다.

모든 노동자가 일에만 헌신하는 게 아니라 자기 자신뿐 아니라 누군가를 돌볼 것이 전제된다면? 모든 남성들이 여성처럼 육아휴직을 하는 등 부성을 발휘하거나 아픈 부모를 돌볼 수 있다면? 노동자의 기준이 아무도 돌보지 않아도 되는 남성이 아니라 누군가를 돌봐야 하는 여성으로 바뀐다면, 굳이 지금처럼 여성이 돌봄을 한다는 이유로 차별받지 않을 것이다. 여성과 남성이 동등하게 대우받고 일할 수 있는 기본적인 조건이 충족된다는 말이다.

그렇다면 함께 일하며 함께 돌보는 사례들이 더 많이 들려올 것이다. 둘 간의 차이보다는 공통점이 더 많아지고, 그만큼 서로에 대한 이해와 연대감이 싹틀 것이다. 더 이상 지금처럼 성별에 따라 개인의 노동과 삶이 달라지지 않을 것이다.

함께 일하고 함께 돌보기의 시작은 한국 사회에 팽배한, 경직된 장시간 노동 문화를 바꿔가는 것이다.[71] 여성에게만 전적으로 돌봄을 맡기고 남성에게만 전적으로 일을 맡기는 것이 아니라, 함께 시간을 나눠 할 수 있도록 노동 시간을 단축하고 유연하게 하는 일부터 시작해야 한다. 성 평등한 나라일수록 노동 시간이 짧다는 게 그 증거일 것이다.[72]

라곰, 더해도, 덜해도 안 된다
휘게, 관계 속 행복

라곰(lagom)은 스웨덴 사람들이 중시하는 가치관인데, '덜해도 안 되고, 더해도 안 된다'는 뜻으로 '적당하게'란 의미다. 스웨덴 사람들은 무슨 일을 하든 적당한 '균형과 조화'를 중요하게 생각하며, 일과 생활의 균형을 중시한다. 일을 하되 너무 오래 해도 안 되고,

너무 적게 해도 안 된다. 너무 오래 일하면 일과 생활의 균형을 위해 지금까지 노력해온 직장 문화를 깨뜨리는 것이고, 또 너무 적게 일하면 '시간 도둑'이 되기 때문이다.

휘게(hygge)는 덴마크 사람들이 중시하는 가치관으로, 안락하고 아늑한 상태를 경험하고 느끼는 것을 말한다. 여기에는 평등, 화목, 따스함 등이 포함된다. 덴마크 사람들은 일을 마치고 집에 와 사랑하는 사람들과 함께 편안한 저녁 시간을 보내는 '휘게 시간'을 갖는다. 직장뿐 아니라 직장 밖에서 개개인이 갖는 시간은 중요하다. 사람들과 관계를 맺으며 관계 속에서 행복을 느낄 수 있기 때문이다. 사람은 사회적 성취와 돈만이 아니라 관계 속에서 누리는 기쁨도 크다. 그 덕분인지, 덴마크는 2016년 행복지수 1위다.

지금 우리에게 필요한 건 바로 라곰과 휘게가 아닐까?

이 순간에도 성공하기 위해 밤늦도록 직장에 남아 있는 우리가 놓치는 것은 무엇일까? 회사에 대한 헌신은 그렇게 하고 싶어도 할 수 없는 누군가에게는 차별의 조건이 되고, 그로 인해 내가 사랑하는 사람들과의 관계를 행복이 아니라 불편으로 채우고 있는 것은 아닐까?

25

페미니스트 정치

공감 능력이 뛰어난 여성들은 투표 말라?

총선을 앞두고 한 명의 보수 논객이 여성의 참정권에 대한 기발한 의견을 내놓았다. 정치는 공공성의 문제인데, 그런 문제보다 가족과 개인 문제에 집중하는 여성들은 정치나 경제, 사회문제를 잘모르니 자발적으로 투표를 포기하는 게 어떻겠냐는 거였다.

"세월호 사건 때 거의 모든 엄마들, 보수고 진보고 나발이고 간에 엄마들은 모두 분노하고 울었다. 왜 그런 사건이 발생했냐는 중요치 않다. 일단 모성 본능과 공감이 폭발하면서 그렇게 되는 것이다. '애들이 죽었지 않느냐' 그것으로 다 묻혔고, 그것으로 나라는 작살이 나다시피 했다. 여성들도 그런 문제에 자각했으면 좋겠다.

정치 참여는 공공성의 문제이기에 사회와 경제가 어떻게 돌아가는지에 대해서 옳든, 그르든 논리적 의견이 있어야 한다. 여성들은 그런 문제보다는 가족과 자신에게 집중하는 경향이 있지 않나. 여성들 스스로 참정권을 제약하는 방법은 없을까. 예를 들어 자신은 솔직히 정치, 경제, 사회문제에 대해 잘 모르겠다고 생각되면 남의 말을 듣고 투표하기보다는 자발적으로 투표를 포기하는 것이다."

- 2016년 4월 25일 한정석 미래한국 편집위원 SNS 중

이 글은 곧바로 누리꾼들의 공분을 샀다. 여성들은 이성적인 판단 능력이 없다는, 18세기에 들었음 직한 이야기를 지금 여기에서 들어야 한다는 사실은 놀랍기도 하지만, 어떤 면에서는 전혀 놀라울 것도 없었다. 여자'도' 일을 할 수 있고, 여자'도' 정치를 할 수 있지만, 그래도 굳이 구분하자면 여성이 있어야 할 자리는 가족이라고 생각하는 정서는 여전히 한국 사회에 만연하다. 어쩌다 사람들은 여성의 영역은 '가정'이라고 생각하게 되었을까.

편안 안(安), 편안할 안(晏) 등 편안하다는 의미를 담은 한자어는 여성을 집 안에 두었을 때 '편안하다'는 의미를 담았다. 晏寧(안녕), 晏息(안식), 安危(안위)를 떠받치고 있는 건 여자 녀(女) 자였다. 이 글자를 가만히 들여다보자. 여자들이 그 편안함을 떠받치고 있다면, 과연 그 편안함을 누리는 건 누구의 몫일까? 안위와 안녕과 안식의 주체를 생각해보면 그 주어가 적어도 '여성'은 아니라는 걸 발견하게 된다. 여성이 집 안에 있을 때, 그 여성의 보이지 않는 노동을 누

리고 사는 사람들은 편안(便安)해진다. 그 편안함을 기본값으로 누릴 수 있는 사람들이 여성을 가내적 존재인 것처럼 구성해내기 시작한 건 어쩌면 당연한 경로였다. '여성'은 본질적으로 돌봄을 좋아하고 잘하며 모성은 심지어 본능이라는 이데올로기를 만들어내면서 말이다.

그 결과, 2016년 어느 날 '여성'들은 보이지 않는 노동을 누려온 (한정석 같은) 사람에게서 "여성은 공감 능력이 뛰어나며 가족과 자신에게 집중하니 공적 영역을 잘 모르면 자발적으로 투표를 포기하라"는 얘기나 듣게 되었다.

근대 시민의 '자격'

절대왕정이 무너지고 '시민'이 정치의 주체로 등장하기 시작한 지 200여 년이 지났다. 왕에 의한 통치가 아니라 시민들이 합의의 과정을 거쳐 사회를 만들어간다는 아이디어는 개인이 이성을 가진 합리적 존재라는 것과 합리적 이성을 가진 인간들은 (왕이든 시민이든) 동등한 권리를 가진다는 아이디어가 당시의 사람들에게 동의를 얻었기 때문이다.

그리고 여기에는 두 개의 질문이 필요하다. 인간은 정말 이성을 가진 합리적 존재일까? 사람들은 인간의 권리(인권)에 대해 어떻게 동의할 수 있었을까? 동등한(혹은 시민의) 인간의 조건으로 합리적 이성을 제시한 것은 말 그대로 인간의 '자격'이 되는 사람과 그렇지 못한 사람을 구분하는 근거로 작동할 수 있었고, 실제로 그렇게 작동되었다. 프랑스 인권선언은 모든 사람이 평등하다고 말했지만, 그때의 사람은 보편적 인간-백인 남성, 즉 'MEN'이었다. 여성에게 이성적 판단 능력이 있는지, 식민지 국가의 흑인 남성에게도 합리성이 있는지를 판단해야 했고, 그 판단의 주체는 여성이나 흑인 노예 당사자일 수 없었다.

1791년 처형된 프랑스의 식민지(아이티) 노예 반란군의 주머니에서 발견되었다는 프랑스 인권선언문은 이를 잘 보여준다. 흑인 노예는 이성적 판단 능력이 없는 존재로 간주되었고 그래서 '합리적'으로 그들의 인권을 침해해도 된다고 여겨질 때, 절대왕정보다 민주화되었다고 생각하는 근대 정치의 출발점이 과연 무엇이었는지 반문하지 않을 수 없다. 그러므로 더 적극적으로 '인간의 권리에 동의한다'고 할 때 '동의하는 주체'와 '동의 받는 대상'이 누구인지 사유하는 과정이 필요하다. 그 과정은 자주 생략되지만, 그에 대한 해석 없이 평등이나 권리, 사회계약, 시민사회, 정치를 이야기할 수 없다. 그리고 그 질문에 답하는 동안 사회 내 권력 관계들이 떠올랐다면, 그다음에는 그 사이에 체결했다는 계약 내용을 찬찬히 떠올려 봐야 한다.

정치학자 캐럴 페이트만(Carole Pateman)은 근대의 시민계약이 성적 계약이라고 말한다. 기존 정치학자들은 근대 사회계약을 평등한 개인들 간의 계약인 것처럼 말하지만, 실은 불평등한 개인들 간의 관계를 계약의 형태로 정당화한 것에 다름 아니라는 얘기다. 고용주와 노동자와의 계약은 평등한가? 흑인 노예와 백인 농장주 간의 계약은 평등한가? 여성과 남성의 (결혼) 계약은 평등한가? 그의 논의에 따르면, 성적 계약(남성에 의한 여성 지배), 노예 계약(백인의 흑인에 의한 지배)은 근대의 사회계약에 선행한다. '사회계약은 자유에 관한 이야기이지만 성적 계약은 예속에 대한 이야기'이며, 시민 계약은 시민으로 호명된 이들에게는 자유를 의미하지만, 비-시민으로 지목된 이들(여성, 흑인, 아동 등)에게는 자유가 아니라 예속을 뜻한다.

이러한 질문을 생략하고 구축된 지금의 정치 시스템에서 한정석과 같은 남성 정치인들이 여성에 대한 의심을 꾸준히 불러일으키는 건 어쩌면 당연한 일이다. '이성'을 인간의 조건이라고 확신하고 대상 집단이 시민인지 아닌지를 판단할 권리가 스스로에게 있다고 믿는 비루함이 200년 넘게 유지되고 있으니 말이다.

이성과 감정의 이분법을 넘어서

공감 능력을 비이성적 · 비합리적 · 비정치적 영역으로 분리시키는 것도 합리적인 시민과 그렇지 못한 비-시민을 배제하는 근대적 사유의 전형적인 결과다. 하지만 한정석이 모르는 사실이 하나 있다면, 공감 능력이야말로 근대 시민사회를 만들어낸 주요한 기제였다는 것이다. 여성의 감정을 토대로 한 공감 능력이 정치에 부적절하다고 하는 남성 정치인들의 인식은 공감 능력이야말로 근대 시민사회를 만들어낸 동력이었다는 것을 모르는 데서 나온 것이다. 역사학자 린 헌트는 17세기 서간소설의 등장이 시민혁명에 어떤 영향을 미쳤는지를 설명한다. 그는 당시 사람들이 소설 장르를 통해 타인의 삶에 공감할 수 있었고, 공감 능력이 생겨난 덕분에 낯설고 기이했던 '인권' 개념이 사람들에게 무리 없이 받아들여졌다고 분석한다. 공감을 통해 인권이 '발명'될 수 있었다는 말이다.

그렇다고 공감 능력이 '이성적' 판단을 돕는다는 식의 이야기를 하려는 것이 아니다. 그보다 더 근본적인 질문이 필요하다. 이를테면 이성과 감정은 분리될까? 우리가 쉽게 전제하는 것처럼, 정말로 감정을 배제한 이성은 합리적 판단을 결과할 수 있을까? 그런데 합리성이 전제하고 있는 '감정이 배제된' 인간의 상태는 대체 뭘까? 그런 상태에서 하게 되는 '정치'의 출발점은 대체 어딜까?와 같은 질문 말이다.

1. 우리 아이도 남의 아이도 전쟁에는 안 내보낸다.
2. 세금은 (돈이) 있는 데서 걷어라. 그래도 잘 쓴다면 깎지는 않겠다.

3. 지진이나 쓰나미로 힘든 사람이 생활을 다시 일으키는 데 예산을 써라.

4. 훗날에도 처리 못할 핵 쓰레기는 필요 없다. 아이들에게 방사능을 뒤집어씌우고 싶지 않다.

5. 육아나 돌봄에는 함께 힘을 합쳤으면 한다. 그런 시스템, 제대로 만들어라.

6. 일하는 사람을 소중히 하고, 일하고 싶은 사람에게는 자리를 만들어라.

7. 힘 약한 사람, 목소리 작은 사람을 소중히 하는 사회가 좋다.

8. 아줌마의 관점을 정치에 살려라! 아줌마의 정치 참여가 세계를 구한다!

– 전일본 아줌마당(http://www.ildaro.com/sub_read.html?uid=6271&section=sc4),
'아줌마 8책'

우경화되는 일본의 정치 현실을 우려한 일본의 여성들은 "더 이상 아재정치는 집어치워라!"며 인터넷상에 '전일본아줌마당(이하 아줌마당)'을 설립한다. 아줌마당은 '아줌마 8책'을 통해 기존의 '합리적이고 이성적'이라고 말하는 정치가 전 지구적으로 해내고 있는 일들이 무엇인지를 적나라하게 드러낸다.

살인은 나쁘지만 나라를 위한 살인은 정당하다는 논리, '합리적'으로 사고할 때 핵 발전은 필요하다는 논리, 여자들이 본래 남자들보다 애를 더 잘 본다는 논리, 세금은 '정당한 절차'를 통해 '합리적으로' 잘 분배되고 있다는 '논리'는 결국 정치인들의 주장이나 신념 체계이지, 사실상 논리이기 어렵다. 페이트만의 말대로, 논리와 합리성의 이름으로 불평등 계약을 정당화하는 부정의한 산출물에 다름 아니다.

그에 반해 아줌마당은 개별 정치인들의 편견에 기댄 신념 체계에서 출발하는 기존의 아재정치에 반대하면서 배제된 목소리와의 공감과 공명을 정치의 출발점으로 삼는다. 우리 아이도 남의 아이도 전쟁에는 안 내보며, 이제는 죽이는 정치 말고 살리는 정치(살림의 정치)를 해야 한다고 말한다. 작은 목소리를 죽이고 큰 목소리가 보편을 대표하는 정치는 이제 그만하고, 아무것도 죽지 않는 정치/작은 목소리들의 정치를 시작하자는 말이다.

페미니스트 정치

페미니스트들에 대한 반감과 마찬가지로 페미니스트 정치에 대한 전 지구적 반감은 실로 거대하다. 페미니스트 정치를 하기 위해서는 '여성은 정치를 모른다'는 편견을 넘어야 하고, 그들이 하는 것이 소꿉장난이라는 의심을 거둬내야 한다. 남자를 미워하는 정당이라는 편견을 떼어내기 어렵고, 여성의 이익만을 대변하는 반쪽짜리 정당이라는 편견 속에서 '보편적 정당'으로 받아들여지지 않도록 공을 들여야 한다. 그리고 이 모든 일은 기존의 정당과 정치인은 겪지 않을 것이다. 기존의 남성적 정치는 욕먹을지언정 그게 과연 정치인지 의심받지 않는다. 여성 국민을 배제하더라도 보편으로 승인받고, 여자를 미워하는 정당이라는 낙인에 시달리지 않는다. 그것이 바로 '보편성'의 젠더 정치다. 남성(men)이 인간을 대표할 수 있다는 신념에 기댄 보편성 말이다.

우여곡절 끝에 2014년 유럽의회 진출에 성공한 스웨덴의 '페미니스트 이니셔티브(Feminist Initiative, F!)', 핀란드 여성주의 정당 '페미니스티넨 푸올루에(Feministinen puolue)', 영국의 여성평등당(Women's Equality Party), 필리핀의 '가브리엘라 여성당(GABRIELA Women's Party)' 등 그 밖에 사라져간 많은 페미니스트 정치 집단들이 있다. 무수한 비난과 낙인, 편견 속에서도 페미니스트 정치하기는 멈춘 적이 없었다. 불평등 계약을 토대로 구축된 근대의 시민사회를 아무런 의심 없이 수용하고 그들만이 세계로 구축하고 있는 이들에게 정치를 위임할 수 없어서다. 또한 이것은 여성이 자신이 가진 모든 권한을 위임하기라도 한 것처럼 여성의 경험을 생략하고 남성 중심적으로 구성해온 세계에 대한 질문이자, 시민과 비시민, 이성과 감정, 문명과 자연 등 세계를 이분법으로 구축해온 기존 질서에 대한 질문이기도 하다.

이 질문에 답하면서 찾아낸 것은 정치의 출발점이 바로 나-우리라는 사실일 것이다. 정치는 '원래부터' 나-우리와 분리된 것이 아니었다. 정치를 그렇게 느낀다면, 바로 지금 내 삶에서 출발하는 페미니스트 정치로 당신을 초대한다.

26 페미니스트 엄마 - 딸 이야기

아무도 아이를 키운다는 것이 무엇인지 이야기해주지 않았다. 아니, 말해주었지만 아마 내게 들리지 않았던 걸지도 모른다. 페미니스트로 10년을 살던 어느 날 '엄마'가 된 나는 그때까지 내가 알아온 세상과 전혀 다른 세상과 마주했다. '여성의 눈으로 세상을 보자'며 해왔던 일들은 아이를 키우는 것과는 생판 다른 세상의 것들이었고, 내가 당황스러운 하루를 보내는 데는 하등 소용없는 것들이었다. 하나의 생명이 내 눈앞에 나타나고 나서야 나는 내가 준비되지 않은 페미니스트 - '엄마'라는 걸 알았다. 페미니스트로서도 엄마로서도, 나는 아이 앞에서 무능했다.

나는 '딸'을 낳았다

나는 '딸'을 낳았다. 딸만 낳아서 젊은 시절 별의별 유난스러운 아들 타령을 모다 당한 나의 엄마는, 내 첫딸이 태어난 날 그 딸을 안고 나를 향해 이렇게 말했다. "둘째는 아들 낳아야지." 화를 낼 기력도 없는 나 대신 남편의 얼굴이 굳어졌다. '엄마의 딸'이 딸이 아닌 아들을 낳아야만 행복해진다고 생각하는 엄마와, 자기 딸이 그런 이야기를 듣지 않고 살아야 행복할 거라 생각하는 '엄마의 딸'은 그렇게 여자/남자, 아들/딸로 갈라진 모순투성이 세계에서 통하지 못할 애정을 섞는다. '나처럼 살지 않았으면' 하는 공유지를 경유하면서 말이다.

'딸'이라는 단어를 '결핍'의 의미로 알고 살아온 나는 그 말에 붙어 있는 넉넉하지 않음을 떼어버리고 싶었다. 그래서인지 딸이 태어났을 때부터 '귀한 딸'이라는 말을 입에 달고 살았다. 얼마나 딸이 귀중한 존재인지 세상의 모든 딸들이 알아주기를 바라면서, 여기저기에서 패고 찍혀서 그 존재를 훼손당하더라도 제 스스로 귀하다는 믿음을 가져주기를 바라면서 버릇처럼 외웠다. 이것은 성중립대명사를 권하는 시대에 '딸'이라는 여성명사를 선호하는 습관이 생긴 이유였다.

어느 날 신문을 보니, 캐나다에 사는 도티는 아이의 성별을 정해놓고 키우지 않겠다고 선언했다. 아이의 출생증명서 성별 표기란에는 젠더를 알 수 없다는 의미로 U(Unknown)라고 적었다고. 도티의 실천은 흥미롭다(그리고 식상하다). 젠더에 질문을 가지며 살아가는 페미니스트들은 도티처럼 제 아이를 '여자' 혹은 '남자'로 키우고 싶어 하지 않는다. 사회가 정해놓은 부정의한 질서에 그대로 편입되기를 원하지 않는다. 그러니 나 또한 '딸'에게 핑크색 옷보다는 보라색이나 초록색 옷을 입힌다거나, 바비 인형이 아니라 자동차나 중장비 모양의 놀잇감을 아이의 가까운 곳에 두는 식의 고전적인 젠더 교란을 꾀했다. 그러나 곧 혼자만의 고투는 그리 큰 결과를 기대하기 어렵다는 것을 깨달았다.

'여자가' 다리를 벌리고 앉는다는 타박을 듣거나, '딸이니까' 예쁘게 꾸며야 한다는 이야기를 듣는 일은 그리 먼 세상 이야기가 아니었다. 집 문밖만 나가도 당장에 들려오는 목소리였고, 페미니스트 공동체가 아니라면 그것은 어느 곳에서나 '정상 규범'에 속했다. 단 하루만이라도 아이의 젠더를 의식하지 않고 키우는 것은 가능한가에 대해 생각한다. 뿐만 아니라 나 또한 나의 젠더 정체성에 대한 고려 없이 1분이라도 살아본 적이 있는지를 되짚어보게 된다. 그건 선언 따위로 가능한 일이 아니었다. "나는 성 평등하게 키울 거야"라든가, "나는 아이가 자기의 젠더를 선택할 수 있게 할 거야"라든가, 나는 "아이를 나처럼 키우지 않을 거야" 등의 선언은 흔적 없이 사라지는 드라이아이스 같은 것이다.

여름철 원피스 안에 속바지를 입히지 않는 것에도 지난한 싸움이 필요했다. 속바지 좀 입히라는 얘기는 (어머니 노릇을 잘하지 못한다는 뉘앙스로) 골백번쯤 들었다. 결국 아이의 속바지에 집중하는 사람들의 걱정이 내 몸에도 들러붙어서, 나 또한 '모래놀이 하다가 아이의 요도나 질, 항문에 흙이 들어가면 어쩌지?'라는 생각을 하기에 이르렀다. 원피스 말고 반바지를 입히라는 얘기는 하지 마시라. 어린아이의 반바지와 속바지의 차이는 크지 않고, 원피스와 윗옷의 차이 또한 크지 않다. 긴 윗옷이 원피스고 면 반바지가 속바지인 셈이다. 딸들이 "여자가"라는 말을 듣지 않게 하기 위해 나는 '무례'해져야 했고, 바비 인형이나 병원놀이 세트, 세탁기 장난감, 아기 키우기 놀잇감을 원하지 않는다면 그거 말고 다른 무엇을 선택할지 '발굴'해야 했다.

결국 젠더 체계에 자녀가 들러붙지 않게 하는 일에는 부지런함과 무례함, 자기모순을 버티는 능력과 쓰나미 같은 지침들에 흔들리지 않는 줏대가 필요하다. 그러니 당연히 불가능하다. 아무리 페미니스트라고 해도 젠더 무중력 상태에 살지 않는다. 젠더 체계는 거미줄과 같아서 아이뿐만 아니라 우리 모두를 접착시키려고 한다. 나 혼자 끈적이를 피해 다닐 게 아니라, 그 거미줄을 걷어내야 한다는 걸 또 그렇게 어리석게 배웠다.

아이의 초경: '여자'가 되어간다고?

소위 '2차 성징'이 나타나면서부터 성별화된 말들은 현실적인 조언들과 함께 버무려졌다. 누군가의 2차 성징은 위험스러움과 조심스러워져야 할 책무와 더 적극적으로 결합했다. 또 다른 누군가의 2차 성징은 듬직함과 든든함과 결합했다. 성을 두 종류로만 구분하는 세계에서 여성에게 "조심해!"라고 말한다면 조심해야 할 대상은 다른 한쪽 성(남성)일 텐데, 신기하게도 사람들은 남성은 위험한 게 아니라 든든하다고 했다. 오히려 사람들은 여성/성을 위험하다고 말했다. 덕분에 '조심해야' 하지만 동시에 '위험한' 존재이기도 한 여성들은 상대를 조심하면서도 상대를 위험에 빠뜨리지 말아야 하는 의무를 동시에 부여받았다.

"여자들아, 조심해. 너희가 조심하지 않으면 남자들이 너희들의 유혹에 넘어가 범죄자가 된단다. 그러니 여자들아, 조심해!"라고 말하는 모순투성이의 명령들이 딸들에게 내려졌다. 이것이 바로 나와 내 딸과 같은 '여성'들이 존재만으로 든든하고 듬직한 남성들과는 다른, 통합 불가능한 감정 상태를 갖는 경로다. 내 딸에게 그런 모순을 되풀이해서 겪게 할 수는 없었다. 그러기 싫었다.

딸의 초경 소식을 알렸을 때 주위 사람들은 나에게 "걱정되겠다"라고 위로하거나 "이젠 (딸을) 조심시켜야 돼"라며 조언했다. 그건 아이에서 어른이 되어가는 딸에게 두려움과 취약함만을 느끼게 하는 옳지 못한 말이었고, 이런 위로나 조언 속에서 생애 한 번뿐일 그 순간을 흘려보내고 싶지 않았다. 그렇다고 해서 경이롭다거나 신의 축복이라거나 하는 호들갑으로 초경에 과도한 의미 부여를 하고 싶지도 않았다. 그건 마치 첫 섹스에 과하게 의미를 부여하는 것만큼이나 억지스럽게 느껴졌다.

그러나 딸의 생리를 두고 부끄러움, 두려움, 위태로움 등 부정적인 감정의 피드백이 계속되자, 나는 "와우! 내 딸이 생.리.를 시작했어. 드디어 생.리.를 했다고! 와우! 여러분! 제 딸이 드디어 생.리.를 했다구요!"라며 호들갑을 떨어야겠다고 결심했다. 딸의 초경은 더 이상 조용히 넘어갈 수 없는 정치적인 일이었다.

고백건대 딸의 생리는 나에게 묘한 감정을 불러일으켰다. 주변 사람들의 부정적인 코멘트 때문이기도 하겠지만, 초경을 격하게 축하한다는 나의 격렬한 콘셉트로도 극복되지 않는 깊은 어둠 속 불안이 몰려왔다. 페미니스트 엄마로서 딸의 초경은 신기했고 경이로웠으며 뭉클했지만, 그것은 내게만 환영받는 것 같았고 이 세계에서는 삭제될 어떤 것으로 보였다. 나에겐 일상의 동지 같은 것이지만 딸에겐 점점 더 부정하고 싶은 어떤 것일 수 있으며, 저들에겐 필요 시에만 등판시키는 소모품 같은 것일지도 몰랐다.

아이를 생산해야 할 시기엔 숭배하다가도, 불결한 것처럼 몰아가고, 매순간 감추라고 명령하며, 심지어 안전한 생리용품조차 만들 생각이 없는 전 지구적인 미소지니의 세계. 그런 세계에서 매달 찾아올 생리를 누가 봐도 좋은 것, 부러운 것으로 느낄 수가 있겠는가. 생리를 기다렸다는 듯이 반갑게 맞이하는 일이 쉽겠는가.

발암물질 덩어리인 생리대들이 잔뜩 진열된 마트를 보고 있자면 대를 물린 절망에 페미니스트 엄마로서 스스로가 한심해졌다. 사람들은 딸에게 "여자가 되어간다"고 했고, 나는 그 말을 이해할 방법을 찾아야 했다. 여자가 된다는 건 '좋은' 건가? 여자가 된다는 건 어떤 것인가? 여자가 된다는 건 앞으로 아이가 세상과 만날 때 어떤 변수로 작동할 것인가…?

'여자'인 딸들은, '귀하고 귀한 딸'들이라는 내 표현법대로 그들의 존엄함을 기억하는 세상과 만날 수 있을 것인가? 여자가 되어간다는 아이는, 아이도 아니고 딸도 아니고 여자도 아닌, 어떤 존재로 살아가게 될 것인가…?

딸은 서로의 영향력 속에 자란다

딸에게는 한껏 젠더 교란 운운하며 중장비 놀잇감을 건네주면서, 정작 명절날 여자들만 부엌에 있는 모습을 보여주는 건 어떠한가? 그것이야말로 모순의 극치였다. 분가 상태의 핵가족은 그나마 공동의 책임감 속에서 가사와 양육, 교육, 부양이 가능했다. 하지만 원가족이 결합할 때 그런 시도는 신기루처럼 사라지곤 했다.

친정집 부엌에서나 시집 부엌에서나 남편이 설 자리는 없었다. 가족원이 더 많이 모일수록 공간의 젠더 구획은 더 강력하게 일어난다. 3~4명의 가구원이라면 성별 역할 구분이라고 할 것 없이 다 같이 일하다가도, 5명 이상이 되면 남과 여로 갈라지는 그 기막힌 '우연'이라니! 매번 보면서도 모세의 기적처럼 매번 놀랍다. 어울려 살아가는 인간을 두 종류로 나누는 일은 바다 사이를 가르는 것과 마찬가지로 불가능한 일로 보이는데, 어쩜 약속이라도 한 듯이 여자들은 부엌으로 모여들고 남자들은 TV와 술상 앞으로 몰려드느냔 말이다. 하다못해 아직 어린 남자 조카들까지도.

그런 세계에서 '귀한 딸'이라는 나의 중얼거림이 중얼거림 이상의 의미를 가질 수 있을까? 내 질문은 항상 그곳에 머문다.

반면 '가족'의 바깥이면서 공적 세계라고 하기 어려운 중간 영역인 지역사회는 아이들이 젠더를 학습하는 최적의 환경이 되어주었다. 녹색어머니회나 학부모회에 등장하는 사람이 온통 여자 사람뿐이라는 것, 학원 원장님 핸드폰에 저장된 학부모의 연락처가 대부분 할머니나 엄마 전화번호라는 사실 등은 딸들이 성 역할을 익히는 데 최적화된 환경이었다. 아이 돌봄은 엄마에게, 그다음은 할머니에게, 그다음은 여성 보모에게, 요컨대 여성들에게 위탁됐다.

보살핌의 책무를 여성에게 전가하는 사회는 보이지 않는 이 노동을 폄훼하고, 그 일을 수행하는 여성을 멸시하며, 결국은 '여자들은 취집이나 하고 놀고먹는다'고 말한다. 그런 '놀고먹는' 여자들에게 공적 세계의 사람들은 밥을 달라 하고, 입을 옷이 없다고 불평하며, (자녀의) 학원 스케줄 조정을 요구하고, 학교 행사 참여를 기대하며, 가족 구성원의 간병과 집안팎의 행사 챙기기와 내조, (자녀와 본인의) 건강 관리는 물론 미세먼지 및 습도 관리를 요구한다.

이런 것들이야말로 대표적인 '그림자 노동'(일을 하지만 보수를 받지 못하는 무급 활동)이자 그림자도 되지 못한 '보이지 않는' 노동이라 할 만하다. 보이지 않아도 이 중 어느 하나가 어그러졌을 때 이런 목소리가 들려온다. "그러게, 그때 그렇게 좀 하지." 그 한마디면 말끔하게 책임이 끝나는 그들의 가벼움이 부러웠다. 아무 이유 없이 보살핌 책임에서 벗어나 있는 '남자들' 말이다.

나도 예외가 아니었다. 아이가 초등학교에 들어가면서 보이지 않는 노동에 치이던 어느 날, 나는 아이들이 나에게만 가정통신문을 가져오고, 나에게만 학교 행사를 알리며, 나에게만 학원 일정을 문의한다는 걸 깨달았다. 심지어 공동 조율자여야 할 남편도 나에게 '질문'했다.

남편의 전화기에 피아노와 미술학원, 태권도 등 학원의 연락처가 입력되지 않은 것은 충격적이었다. 이대로라면 나의 그 '귀한 딸'들은 단지 여자라는 이유만으로 2중, 3중의 노동을 당연히 수행해야 하고, 결과적으로 그 노동은 보이지 않으므로 '팔자 좋은 취집 간 여자들'로 호명되며 살아가야 한다는 비극적 사실에 눈뜨면서, 학원 원장님들께 모든 연락은 남편에게 취할 것을 요청하고, 학교

안팎의 정보를 공유하는 엄마들 단톡방(이 정보를 알아야 학원 시간 조율이나 기타 등등 아이의 일상생활 조율이 가능하다)에 남편을 초대하고, 학교 알림 앱을 남편 폰에 설치했다.

물론 이런 조율만으로 모세의 기적으로 갈라진 바닷길이 깊고 푸른 바다로 회복되지는 않았다. 원장님들은 여전히 나에게 전화를 하고, 아이들은 나에게 일정을 문의하며, 학부모 커뮤니티의 정보는 내게만 들린다. 이 시스템은 아버지를 열외로 하여 움직이며, 아버지를 경유하는 걸 불편해한다. 적어도 양육은 아버지의 영역이 아니라고 여긴다.

바쁜 엄마는 마을에서 자주 회자되지만("○○ 엄마는 일한대. ○○엄마는 바쁘다더라고") 아버지들의 바쁨은 문제될 것이 없고, 마찬가지로 '안 바쁜' 아버지들도 문제될 게 없다. 아버지는 아이와 관련된 공동체 내에서 있으면 좋은 옵션일 뿐, 아이와 한 몸으로 상상되는 존재, 즉 엄마가 아니었다.

아이와 한 덩어리로 움직여야 할 엄마가 자꾸 아빠를 끼고 오니 아마도 나의 역행은 계속 그 시스템을 불편하게 할 것이다. 그리고 본인의 '적절한' 노력만으로는 넘어오지 않는 시스템 덕분에 남편은 나에게 계속 지탄받을 예정이다.

그럼에도 불구하고 여성운동하는 조금 센 여자로 살아가는 건 작은 공동체에서 적잖은 효과가 있다. 적어도 우리나라 최초 동성 결혼식에 다녀온 하객은 우리 동네 어린이들 중 내 딸들이 유일하며, 그 효과는 지금까지도 이어지는 중이다. 적어도 결혼은 여자와 남자가 한다는 편견에 대해 딸들은 본인이 다녀온 결혼식은 남자끼리 했다는 말로 반론을 제기할 수 있다. 아빠가 꿰매준 바지를 입고 다니는 아이를 만나는 일도, 녹색어머니회에 아버지가 등장하는 일도 한국 사회에서 흔한 풍경은 아니다. 이런 상황에서 조금이라도 이 시스템에 질문을 던질 수 있다면, "진짜? 엄마 아니고 아빠가?", "엥? 남자끼리 결혼을 했다고?"라는 목소리가 마을의 길목 여기저기에서 들리는 것으로도 족하다.

아이의 성별을 정해놓지 않겠다는 도티의 도전이 중대한 이유는 그 선언 때문이 아니라 그 선언의 '공표'에 있다. 공표는 선언보다 많은 일을 해낸다. 선언이 한낱 신기루일 수 있다면, 공표는 그 선언을 실행할 수 있도록 돕는다. 도티의 경우처럼 아직 아이의 성별이 무엇인지 알지 못한다는 것을 주변에 알릴 때, 사람들은 그 아이에게 무슨 말을 어떻게 해야 할지 난감할 것이다(걸(girl)이라고 해야 할지, 보이(boy)라고 해야 할지, 예쁘다고 해야 할지, 멋있다고 해야 할지!). 그리고 그런 난감한 경험을 통해 지금의 젠더화된 사회와 대면하게 될 테고, 젠더 구분 없이는 일상생활이 불가능한 시스템을 돌아보게 될지 모른다. 변화는 그것에서 시작되리라 믿는다.

사실 내가 그러하듯이, 아이는 부모가 키우는 게 아니다. 부모가 키우는 대로 자라지도 않는다. 서로의 영향력 속에서 아이는 그저 자랄 뿐이고, 부모도 그저 달라질 뿐이다. 모두의 질문 속에서.

아들 키우는 페미니스트 엄마

나는 많은 페미니스트들이 소망하듯 딸을 낳고 싶었지만 아들을 낳았다. 가끔 '이 아이가 딸이라면 참 많은 것을 공감하고 함께할 텐데'라는 생각을 해보기도 한다. 그러다가 바로 생각을 고쳐먹는다. 남자들이 아들을 소망하며 바라는 바람과 닮았기 때문이다. 아이의 성별이 어떠하기를 바라는 것이 아니라, 아이의 존재 자체를 잘 받아들이고 함께 잘 살아내는 게 중요하다. 모두가 잘 알고 있는 것처럼.

난 아들을 키우면서 우리 사회가 얼마나 성별로 구분짓기를 좋아하는 성별화된 곳인지를 확인했다. 게다가 아들을 키운다는 것은 남성성에 대한 고민과 함께 남성성을 위배하는 일련의 과정이었다. 물론 아들을 보통의 남자로 키웠다면 한국의 뿌리 깊은 성별 고정관념을 잘 모르고 남성성에 대해 크게 고민하지 않고 살았을 것이다. 그러나 아이를 남자가 아닌 아이 그 자체로 아이의 기질을 인정해주며 키우다 보니, 남자와 여자가 명확한 세상에서 자주 엇나가는 것을 경험하곤 한다.

현재 아이는 초등학교 5학년, 12살이다. 외양은 보통 키에 말랐다. 태권도보다는 피아노를 좋아하고, 야외 활동보다는 집에 있는 걸 좋아한다. 다들 눈치챘겠지만 아이는 소위 남성적인 아이가 아니다. 아이의 현재 모습은 페미니스트인 나의 영향도 상당했으리라 짐작한다. 아이 이름을 지을 때부터 작명소에서 제안한 남자다운 이름보다는 중성적인, 그래서 다들 여자 이름으로 헷갈려 하는 이름으로 정했다.

아이가 태어나서 지금까지 나는 "남자가"란 말을 해본 적이 거의 없다. 아이는 어려서부터 울음이 많았고, 우는 아이를 안고 "그래, 마음이 풀릴 때까지 실컷 울어"라고 말해줬다. 할머니, 할아버지도, 이모, 삼촌도, 아이에게 "남자가"란 말을 거의 하지 못했다. 항상 내가 매의 눈으로 주시하고 있었기 때문이다. 그래서 아이는 지금도 울음이 많다. 아이는 보통 남자아이 같지 않아 겁이 많다. 겁이 많은 걸 인정하고 아이가 할 수 있을 때까지 기다려줬다. 아이는 7살이 되어서야 처음으로 그네를 탔다. 놀이공원에 가서 무섭지 않은 놀이기구라도 자원해서 탄 건 11살이 되어서다.

남자인지 여자인지 구분하고 싶어 하는 사람들

아이의 작명부터 심상치 않다고 눈치챘겠지만, 나는 아이에게 남자는 어떠하고 여자는 어떠하다는 성별 고정관념을 심어주지 않으려고 나름대로 많이 노력했다. 그런데 나의 의지가 사람들에게는 이상하게 비쳤나 보다. 지금도 몇 가지 에피소드가 떠오른다.

에피소드 1: 긴 곱슬머리

아들은 멋진 곱슬머리를 가졌다. 아이가 나중에 크면 머리를 기르기 어려울 것 같아서 어릴 적부터 머리를 길러주었다. 많이 길러봐야 단발 정도였지만. 아이가 짧지 않은 곱슬머리이다 보니 어릴 적 가장 많이 들은 이야기는 "여자냐? 남자냐?"였다. 아이를 데리고 집 밖에 나가면 할머니, 할아버지는 십중팔구 이렇게 묻는다. "아이고, 귀여운 꼬마네. 근데 여자야? 남자야?" 그리고 이렇게 묻는다. "너, 파마했니? 자연산이니? 머리 너무 예쁘네." 아이는 나중에 한마디로 "남자요. 자연산이요"라고 말하게 되었다.

사람들이 아이에게 성별을 물은 이유는 파마한 것 같은 긴 곱슬머리에, 여자아이인 거 같은데 옷은 파란색을 입어서 뭔가 성별을 알기 어려운 요소들이 합쳐진 것처럼 보였기 때문이다. 할머니, 할아버지는 대놓고 물어봤지만, 다른 사람들은 속으로 궁금해했으리라.

에피소드 2: 치마와 바지

아이는 영유아 시기에 분홍색을 비롯해 다양한 색의 옷을 입었다. 심지어 5살 때는 치마가 입고 싶다고 해서 주변에 딸이 있는 이웃에게 부탁해 치마를 얻어 입히기도 했다. 치마를 입고 싶다고 그렇게 졸라대더니 막상 치마를 입고 어린이집에 갔다 온 이후로는 더 이상 치마 입는다는 말을 하지 않았다. 나중에 선생님으로부터 이야기를 들어보니 6살짜리 남자아이가 "무슨 남자가 치마냐?"라고 얘기했다고 한다.

아이가 다녔던 어린이집은 공동육아라는 부모협동조합 시설로, 나는 그곳의 이사로 참여하면서 아이 돌봄 과정에 성별 고정관념을 심어주지는 않는지 잘 살폈다. 적어도 집과 어린이집에서 아이는 남자아이가 아니라 그냥 아이로 성장할 수 있었다. 그러나 아이가 또래 집단으로부터 받는 영향은 어떻게 할 도리가 없었다. 아이를 잘 키워보자고 모인 동질한 집단 안에서도 각각의 집마다 남녀에 대한 생각은 달랐다. 아이에게 미치는 가족의 영향을 보고 아이가 또래 집단, 더 나아가서는 사회로부터 받는 영향을 알게 되었다. 그건 내가 어떻게 할 수 없는 일이었다.

에피소드 3: 분홍색

초등학교에 입학한 후, 아이는 내가 사주는 옷과 신발의 색깔에 '반대' 의사를 표했다. 초등학교 1학년 때 흰색에 분홍색 테두리가 있었던 실내화는 아이들 사이에서 이상하게 여겨지기도 했다. 학교에 갔을 때 같은 반 여자아이가 아들의 실내화를 보며 "이 실내화는 분홍색이네"라며 웃었다. 물론 일부러 아이를 여자아이처럼 키우려고 분홍색이 섞인 실내화를 사준 건 아니다. 다만 가게에 실내화가 그것밖에 없었을 뿐이다. 학년이 올라갈수록 아이는 내게 '파란색'으로 사라고 주문했다. 나도 어느새 파란색 등 짙은 무채색 위주로 옷이나 신발을 사지만, 여전히 노란색, 분홍색 등을 함께 고른다.

아이가 초등학교 3학년 때 흰색 바탕에 분홍색과 노란색으로 새 그림이 그려진 여름 티셔츠를 자주 입고 다녔다. 분명 남자아이 코너에서 산 옷이었는데, 아는 남자 지인은 아이가 여자 옷을 입었다며 내게 그러지 말라고 했다. 그래서 남자아이 옷으로 나온 것인데다 리본이나 프릴이 달린 것도 아닌 평범한 티셔츠일 뿐이라고 얘기했다. 그랬더니 지인은 색이 분홍색이니 여자 옷이라고 했다.

내가 아이를 키우며 머리를 기르고 치마와 분홍색 옷을 입히면서 일상에서 마주한 에피소드들은 우리 사회가 여자와 남자를 가르기 좋아한다는 걸 잘 보여준다. 그리고 그것을 위반하면 이상하게 생각하고 한마디씩 꼭 보태서, 그런 소리가 듣기 싫어서라도 위반하지 않게 만든다. 성별을 떠나 다양성이 존중되려면 무엇보다 낯선 걸 견딜 줄 알아야 한다. 낯선 게 이상하게 느껴지더라도 궁금해하지 않고, 묻고 싶어도 묻지 않기. 이해하지 못하더라도 그냥 그런 가 보다 하고 내버려두기.

아이는 사춘기가 가까워서도 그렇겠지만 이제는 뭐든 튀지 않는 걸 원한다. 내가 "이 옷은 어때?" 하고 물으면 "난 별로"라며 한마디로 거절한다. 아이의 자아가 생기면서 나의 영향력은 대폭 줄었다. 이제 아이는 엄마보다 친구가 더 좋다고 한다. 또래들이 더 좋아 또래 집단 속에서 더 많은 시간을 보내고 더 많은 영향을 주고받을 것이다. 한국의 남성 또래 문화를 알기에 좀 걱정스럽긴 하다.

남자아이를 키우는 부모들이 하는 걱정은 이런 게 아닐까? 하나는 남자아이들 사이에서 약자가 되는 것. 또 하나는 (성)폭력 가해자가 되는 것. 아이가 성장함에 따라 나의 고민은 과연 내가 아이를 남자가 아닌 중성적인 사람으로 키우려 한 게 잘한 일인가 하는 것이다. 그런 생각은 내가 아이를 남성적으로 키우지 않아서 아이가 남자 또래 집단에서 어려움을 겪지 않을까 하는 걱정, 불안, 두려움에서 비롯된다. 텔레비전에서 학교 폭력, 군대 폭력 등의 뉴스를 접하면 '우리 아이가 학교/군대에 가서 괴롭힘을 당하거나 맞지 않을까?'란 걱정이 든다. 이런 고민은 나뿐만 아니라 아들 가진 부모들이 대부분 하는 걱정이다. 그런데 내가 아이를 남자답게 키우지 않아서 그런지, 그 걱정이 다른 부모들보다 더 크다. 그냥 아이를 위해 평범한 남자아이로 키울걸 그랬나 싶은 생각이 마음 한 켠에 항상 자리 잡고 있다.

모순, 아이가 성장하면서 남성적이기를 바란다

나에게 아들을 키운다는 것은 남성성에 대한 고민과 함께 남성성을 위배하는 일련의 과정이었다. 아들은 남성성의 주요 요소인 운동을 좋아하지 않는 데다 과묵하지 않고 말이 많다.

남성성=운동, 아이가 운동을 좋아하기를 바라다

아이는 신체 활동을 좋아하지 않는다. 날이 좋은 봄가을엔 주말마다 야외로 자전거를 타러 나가는데, 어릴 때는 곧잘 따라다니더니 이제는 집에 있는 게 좋다며 따라나서지 않는다. 초등학교 저학년 때부터 피아노와 택견을 했는데 택견을 하기 싫다고 해서 지금은 피아노만 배운다. 학교의 남자 친구들은 대부분 태권도나 택견을 한다. 내가 아이에게 택견을 권했던 건 체력을 키우려는 목적도 있었지만, 그 속뜻은 거친 남자들 사이에서 자기 방어 정도는 했으면 싶어서다.

아이는 야구나 축구에도 큰 흥미를 보이지 않는다. 나의 배우자는 아이가 여느 남자아이들처럼 남성적인 활동을 좋아하고 잘했으면 해서 야구와 축구를 함께 자주 하려고 한다. 그러나 아이는 마지못해서 할 뿐, 아빠에게 해달라고 조르지 않는다. 다른 집 아이들은 아빠한테 해달라고 졸라도 안 해준다는데 말이다. 물론 아이의 학교 친구들은 주말에도 모여서 야구나 축구를 한다. 그러나 아들은 좋아하지 않아서 어쩌다 한 번씩만 나간다.

아이가 몸 활동을 좋아하지 않는다는 것은 남성적이지 않다는 말이기도 하다. 보통 남자는 강하고 주도적이고 신체 활동을 좋아하니까. 나의 배우자는 아이가 걱정이다. 남자로서 지금껏 한국에서 살아보니, 운동 잘하고 싸움 잘하면 인정받고 별 어려움 없이 잘 어울릴 수 있는데 아들이 그렇지 않아 걱정스럽단다.

남성성＝과묵함, 말이 많은 아이 과묵하기를 바라다

게다가 아이는 남자아이답지 않게 말이 많다. 어릴 적부터 말이 많아 맞고 오기도 했다. 아이들 사이에 갈등이 생기면 아이는 자신이 맞다고 말로 열심히 따지다가 맞는 경우가 종종 있었다. 초등학교 1학년 때는 학교 방과 후 남자아이들 사이에서 왕따를 겪기도 했다. 지금도 아이는 어디서나 자기 관심사에 대해서 쉴 새 없이 말한다. 어릴 때는 아이니까 말이 많아도 그러려니 했는데, 12살인데도 여전히 말이 많다.

말이 많은 남자는 가볍고 별로 매력적이지 않다. 내 머릿속에도 남자에 대한 고정관념이 뿌리 깊다는 걸 느낀다. 아이가 조금은 말이 줄었으면, 진중했으면 하고 바란다. 그래서 주변에 아들 있는 사람들에게 가끔 묻는다. "나중에 말이 좀 줄어드나요?" 이런 질문을 하고 나면 내가 가진 모순에 헛웃음이 나올 때가 있다. 감정 표현 잘하고 하고 싶은 말 다하게 키웠으면서, 이제는 아무 데서나 우는 울보가 아니었으면, 말이 좀 줄었으면 하고 바라니 말이다.

나는 아들을 키우며 우리 사회에 뿌리 깊은 여성과 남성이라는 성별 이분법과 마주치곤 했다. 남자인 아들을 키우며 남성성이 무엇으로 구성되어 있는지, 아이가 남성으로 편하게 지내려면 어떠해야 하는지를 알게 되었다. 남성 중심적인 사회에서 큰 무리 없이 평범하게 큰다면 기득권을 누리고 살 것이다.

나 역시 내 아들이 더 잘나고 더 잘살기를 바란다. 난 아들의 엄마이니까. 딸을 둔 엄마들이 딸이 더 잘나고 더 잘살기를 바라는 것과 마찬가지다. 그러나 난 아들의 엄마이기 전에 한국에서 살고 있는 여자이고, 아들의 편한 삶이 여성에게는 힘겨움이 된다는 걸 안다. 지금 내가 힘겨운 것처럼. 나는 아들이 자립적이고 이타적이기를 바란다. 그래서 딸이 독립적이고 이기적일 수 있도록 말이다.

물론 아들을 키우며 혹시 아이의 삶을 너무 어렵게 만드는 건 아닌가, 고민을 많이 한다. 어쩌면 평범한 남자아이로 자라는 게 아이의 인생을 훨씬 수월하게 해줄지도 모른다는 생각이 들기 때문이다. 그러나 내가 지금 페미니스트로서 이 글을 쓰며 한국에 성 평등의 작은 씨앗을 심듯, 아들도 그러했다고 이해해줬으면 한다. 내 아이는 성별이 남자이니 남자 세상에서 성 평등을 위해 내가 할 수 없는 변화를 이룰지 모른다. 어쩌면 아이의 존재 자체만으로도 말이다.

주석

1 《맥심》의 문제 해결 과정을 보면 한국 사회에 '나쁜 남자'에 대한 인식이 공고하다는 것이 잘 드러난다. 맥심 코리아 측은 잡지 사진 콘셉트를 비판하는 여성들을 오히려 비난하며 다른 조치를 취하지 않았다. 이후 해외 본사와 여타 관련 해외 잡지사에 해당 사안이 알려지고 나서야 잡지 전량 폐기와 수익 환원을 결정해 비자발적으로 폐기하는 과정을 거쳤다.

2 《캠퍼스잡앤조이》, "그 남자 그 여자가 전하는 소개팅 성공 법칙", 2016. 3. 18.

3 유진월, 《신여자》 번역본(1920년 3월) – 양백화, "현대 남자는 어떠한 여자를 요구하는가? 내가 요구하는 칠개조", 『김일엽의 신여자 연구』, 푸른사상사, 2006.

4 《엘르》 한국판, 1996년 7월 호, pp. 120~121.

5 윤영수, 『소비 행위를 통한 로맨스 감정 구성과 갈등: 20·30대 고학력 여성을 중심으로』, 이화여자대학교 석사학위청구논문, p. 70, 2015.

6 홍지아, "TV가 제시하는 사랑할/받을 자격과 한국 사회 20대 여성들이 이를 소비하는 방식: 리얼리티 프로그램 〈짝〉을 중심으로", 《한국방송학보》, 26(5), p. 332, 2012.

7 《동아일보》, [단독] 그녀 등 뒤에 늑대가 있다, 2012. 7. 14.

8 BRF는 'Bitchy Resting Face'의 약어로, 무표정한 표정을 하고 있는 여성을 두고 부정적으로 표현하는 어휘다. 잔뜩 짜증이 나 있는 얼굴이라는 의미로, 상대를 좋지 않게 표현할 때 사용된다. "쟤 표정 왜 그래?"라고 하면 "BRF잖아"라고 답하는 식이다. 맨디 청이 BRF 프로젝트를 시작한 이유가 바로 여기에 있다.

9 《뉴욕타임스》, 2015. 8. 1.에 BRF를 다루는 기사가 실렸다. 아래 글은 이 기사에 대한 블로그 글이다. http://campaignoutsider.com/2015/08/03/nyt-goes-all-rbf-resting-bitch-face/

10 《한겨레신문》, 2003. 11. 18. "여자가 기저귀 차고 강단에 올라가? 안돼!"
http://legacy.www.hani.co.kr/section-005000000/2003/11/005000000200311182141151.html

11 《경향신문》, '세계 월경의 날' 앞둔 여성 단체들 "당당하게 월경에 건배", 2017. 5. 26.
http://news.khan.co.kr/kh_news/khan_art_view.html?artid=201705261327001&code=940100#csidx3dc852224c09aa5b5ca3d96ccc6bb4b

12 《메디컬타임스》, "30대 '전문직'보다 20대 '전문대' 여자가 먹힌다", 2015. 8. 16.

13 무급 가족 종사자란 혈연관계인 가족이 운영하는 개인 사업체에 정규적인 보수 없이 주 18시간 이상 일하는 사람을 말한다. 주변에서 가장 쉽게 볼 수 있는 사례가 식당으로, 가족이 함께 식당을 하는 경우 보통 사장은 남성이고 배우자인 여성은 무급 가족 종사자인 경우가 많다.

14 강이수, "노동시장의 변화와 일·가족 관계", 『일·가족·젠더: 한국의 산업화와 일·가족딜레마』, 한울: 파주, p. 64, 2009.

15 경제활동 참가율은 전업주부를 구직 단념자로 보기 때문에 구직 활동을 한 기혼 여성들 가운데 61.1%가 일을 하고 있다는 의미다. 통계청이 발표한 '2016 일·가정 양립 지표'에 따르면 기혼 여성의 경제활동 참가율은 61.1%이고, 연령별로 보면 30대 51.4%, 40대 67.1%, 50대 67.4%로 나타난다.

16 조순경, "합법을 가장한 위법의 논리: 농협의 사내 부부 우선 해고와 '의도적 차별'", 『노동과 페미니즘』, 서울:이화여자대학교 출판부, 2000.

17 윤자영, "경제위기? 여성 노동 위기!: 여성 실업 현황과 실업 대책", '사라지는 여성 일자리, 악화되는 여성 고용! 넘어설 대안은?' 토론회, 한국여성노동자회, 2009.

18 군대 문화, 군사 문화를 구분해 사용하기도 한다. 군대 문화는 군대 조직이 지닌 특수한 문화로, 군사 문화는 군대 문화가 일반 사회에서 나타나는 현상으로 보는 것이다. 그리고 군사주의는 군대 문화와 군사 문화가 전제하고 있는 위계성, 폭력성 등의 가치를 내면화하고 일상화하는 것을 말한다. 이 책에서는 군사주의란 맥락에서 군대 문화, 군사 문화를 구분하지 않고 사용한다.

19 《경향신문》, 대학가의 군사 문화 청산해야, 2014. 3. 25.
http://news.khan.co.kr/kh_news/khan_art_view.html?artid=201403252057135&code=990101#csidx15592fec76062e88829c3efe492ad63

20 권인숙, 『대한민국은 군대다』, 청년사, 2005.

21 2014년 4월 6일 윤 일병 사망 사건은 윤 일병이 선임병들의 폭력으로 숨진 사건을 말한다. 선임병들은 바닥에 뱉은 가래침을 핥아먹게 하고, 성기에 안티프라민을 바르게 하고, 새벽까지 기마자세로 얼차려를 시키고, 치약 한 통을 먹이는 등의 가혹 행위를 했다. 2014년 6월 21일 동부전선 GOP 총기 난사 사건은 평상시 집단 따돌림을 받던 임 병장이 전역을 3개월 앞두고 동료들을 총기로 쏴 5명이 사망하고 7명이 부상을 입은 사건이다. 2016년 2월 7일 철원 전방의 GP에서 선임들로부터 폭력을 겪던 박 일병은 자신이 가진 총으로 자살했다. 지난 2012년부

터 올해 상반기까지 발생한 군대 내 사건 사고로 인한 사망 인원은 총 476명이었다. 최근 5년 간 사망 사건 중에선 자살이 65%(311명)로 가장 많았다.《데일리안》, 2016. 9. 24.)

22 2016년 2월 발생한 철원 전방 GP 박 일병 자살 사건의 가해자의 말,《미디어오늘》, 2016. 11. 25.

23 나윤경, "군사주의가 재현되고 실천되는 공간으로서의 남녀공학 대학교",《평생교육학연구》, 제11권 4호, p. 12, 2005.

24 1961년부터 1998년까지 군필자에게 3~5%를 가산해주는 가산점제의 결과, 하급직 공무원 시험에서 제대 군인이 대부분을 차지했다. 일례로 1998년도 7급 공무원 채용 합격자 99명 중 제대 군인 가산점을 받은 이들이 72명으로 72.7%였다. 가산점을 받지 않고 합격한 사람은 6명뿐이었다(권인숙, 2005). 취업시 군대 복무 기간을 인정해 해당 기간만큼 호봉을 인정해줬지만, 군미필자에 대한 차별로 이 또한 폐지되었다. 그러나 공무원은 군복무 기간을 호봉으로 인정하고 있고 민간 기업도 2013년 개정된 제대군인지원법에 따라 제대 군인의 호봉이나 임금을 결정할 때에 의무는 아니지만 근무 경력에 포함할 수 있다.

25 회사에 들어가면 신입사원 연수를 받는데, 같은 유니폼을 입고 힘든 산행이나 캠프로 극기 훈련을 하는 것이 군대와 닮았다. 2014년 신한은행의 신입사원 연수에서는 신입사원들이 '기마자세'로 도산 안창호 선생의 글을 제창하는 영상이 공개되기도 했다. 현대자동차는 지리산 등반을 했고, SK하이닉스는 무박 2일 30킬로미터 행군을 했다. 신입사원 연수로 해병대 캠프에서 3박 4일간 연수를 진행한 기업도 있다고 한다.

26 초중고 학생들은 수련회·안보훈련·극기훈련 등의 이름으로 병영 체험 캠프에 간다. 청소년을 상대로 한 사설 해병대 캠프에서 훈련 도중 고교생 5명이 바닷물에 휩쓸려 사망한 적도 있다. 교육청은 안보 교육 등을 이유로 병영 체험 캠프를 추천하는데, 전국 16개 시·도 교육청에서 5년 동안(2009~2013) 병영 체험 캠프를 다녀온 초·중·고교 학생 수는 전국적으로 11만 1,397명에 이른다고 한다.

27 최기준, 『우리나라 학교운동장 변천사』, 한국교원대학교 교육대학원 체육교육전공 석사학위 논문, 2008.

28 군사정권이 들어서면서 1960~1970년대 학교 교육에 대한 통제가 강화되었고 이때 일제 시기의 학교 운동장 기준이 그대로 반영되어 1969년 학교시설·설비기준령이 제정되면서 획일적이며 정형화된 학교 운동장의 모습을 띠게 되었다.(유근직, "학교 운동장의 성립 과정에 관한 역사적 고찰",《한국체육학회지》, 39(3), 2000.; 최기준, 『우리나라 학교운동장 변천사』, 한국교원대학교 교육대학원 체육교육전공 석사학위 논문, 2008.)

29 교육부 보도 자료, "2016년도 학생 건강검사 표본조사 결과 발표", 2017. 2. 21.

30 전호정, "남녀공학 중학교 여학생들의 체육 수업 참여 유형과 참여 저해 요인 분석", 제82회 전국체육대학 기념 제39회 한국체육학회 학술 발표회, 2001. 여학생들은 남성들과 마찬가지로 체육 수업 내용의 재미나 교사 지도 방식보다는 경쟁과 시합, 대인관계, 정신적·신체적 건강 요인으로 체육 수업을 재미있어했다. (김정구, "체육 수업 요인별 적용이 여학생들의 수업 참여 태도에 미치는 영향", 《한국체육교육학회지》, 제15권 제2호, 2010.)

31 여주영, 『중학교 여학생들의 체육교과에 대한 이해 연구』, 전남대학교 교육대학원 석사학위청구논문, 2004.

32 윤대현·남상우, "고등학교 운동장에서의 젠더 관계: 신체 활동의 주변화와 중심화를 야기하는 배치의 분석", 《한국스포츠교육학회지》, 제16권 3호, pp. 6~8, 2009.

33 앞의 책, pp. 10~12, 2009.

34 호주 시드니대학의 앤서니 샌텔라와 스프링 셰노아 쿠퍼 교수가 2013년 여성과 남성의 자위율을 조사하고 자위가 방광염, 당뇨병, 전립선암 등 여러 가지 질병 예방 효과가 있다고 밝혔다. 그러나 국내에서는 여성과 남성이 얼마나 자위를 하는지에 대한 연구 자료가 없다. 다만 기혼 여성과 남성을 대상으로 한 연구는 있다. 2006년 대한비뇨기과학회 학술대회에서 발표된 자료에 따르면 기혼 남성의 48%, 기혼 여성의 22%가 자위를 한다고 한다.

35 할리퀸은 1990년대 여성들이 주로 보았던 로맨스 소설을 말한다. '할리퀸(Harlequin)'은 캐나다의 출판사 이름이었지만, 1990년대 초 한국에 수입되면서 여성들 사이에서 로맨스물을 통칭하는 용어로 사용되었다. 1993년에 처음 수입되었던 이 소설들은 4년 만에 100여 권이 출판되었다고 한다. 당시 10대와 20대 여성들 사이에서 인기가 대단했다. 소설의 줄거리는 부유하고 많은 권력을 가진 잘생긴 남성과 평범한 여성 간의 로맨스가 주를 이룬다. 2000년대에는 국내 작가의 '인터넷 소설', '로맨스 소설'이 할리퀸 소설의 뒤를 잇고 있다고 할 수 있다. 우리에게 익숙한 〈그놈은 멋있었다〉, 〈늑대의 유혹〉, 〈내 이름은 김삼순〉, 〈성균관 스캔들〉, 〈구름이 그린 달빛〉 등이 인터넷 소설·로맨스 소설을 원작으로 하고 있다.

36 Heiman, J. R., "A psychophysiological exploration of sexual arousal patterns in females and males". Psychophysiology, 14(3), pp. 266~274, 1977.

37 2010년 보건복지부가 가임기 여성(15~44세)을 대상으로 한 인공임신중절 실태 조사 결과에 따르면, 한국은 인구 1,000명당 인공임신중절률이 15.8%로 OECD 국가들 가운데 최상위 그룹에 속하고, 한 번이라도 낙태 수술 경험이 있다고 대답한 사람은 29.6%로 10명 중 3명으로 높게 나타났다.

38 현재 여성이 할 수 있는 피임법은 경구용, 주사, 기구까지 다양하다. 경구피임약(매일 복용) 1개월 1~3만 원, 피임 주사(3개월 효과) 1회 6~8만 원, 임플라논(성냥개비 크기의 플라스틱 기구로 팔꿈치 위쪽 지점에 삽입, 3년간) 30~40만 원, 호르몬 루프 삽입(미레나는 5년, 제이디스는 3년, 각각 30~40만 원, 19~25만 원), 구리 루프(8~10만 원), 영구 피임법인 난관수술 80만 원. 남성이 하는 피임법인 콘돔은 최소 4,000~5,000원이고, 영구 피임법인 정관수술은 30~40만 원(건강과 대안의 젠더건강팀, "우리가 만드는 피임 사전").

39 2016년 《가디언》에서 덴마크 코펜하겐대학의 연구팀이 호르몬계 피임약과 우울증 사이의 연관성을 입증한 연구 결과를 발표했다. 덴마크 여성(15~34세) 100만 명을 13년간 추적한 결과 경구피임약을 복용한 여성의 23%, 프로게스틴 피임약을 복용한 여성의 34%가 우울증에 걸릴 확률이 증가한다. 여성들이 호르몬 피임약으로 겪는 부작용은 가벼운 것으로는 시력 감퇴, 기분의 급격한 변화, 체중 증가, 성욕 감소, 구토감이 있고 심한 경우에는 혈전과 뇌졸중 위험, 불안과 우울 지속, 자궁경부암과 유방암 위험 증가, 편두통, 불임, 심장마비와 뇌졸중, 골밀도 감소 등이다.

40 이 글은 '이화여대 여성학과 밥상모임'에서 논의된 내용들을 참고하여 썼다. 2011년에 '인터넷신문/포털사이트의 부적절한 광고, 무엇이 문제인가'를 주제로 이화여대에서 토론 모임이 첫 개최된 이후, 여성단체에서 인터넷 불패 광고에 대한 문제 제기와 함께 '인터넷 광고가 가야 할 길'에 대한 대안 마련을 촉구해왔다. 이와 관련한 내용은 한국여성학회의 2013년 춘계 학술대회 '여성 혐오' 포스터세션에서도 발표된 바 있다.

41 아이들의 포르노 접촉 시기는 초등학교 때(48.7%), 중학교 때(38.9%) 순으로 나타난다. (김혜자·심미경, "청소년의 인터넷 음란물 접촉에 따른 성 의식과 이성 교제 태도", 《디지털융복합연구》, 12(5), 2014.)

42 남영옥·송연주, "초등학교 고학년 아동의 음란물 체험에 관한 연구", 《아시아교육연구》, 제17권 제4호(통권 제60호), 2016.

43 청소년보호법 개정으로 청소년 보호를 위한 "매체물의 범위"에 인터넷신문, 인터넷뉴스서비스를 포함하였다.

44 MBN뉴스, "씨×, 존×", 때와 장소를 가리지 않는 청소년 욕설, 2016. 7. 30.

45 김정선, 윤영민(2011), 욕설로 대화하는 한국 영화, 《한국언론학보》, 55(5), pp. 81~104.

46 B블로터, 2017. 9. 4. http://www.bloter.net/archives/288810

47 Luigi Guiso, Ferdinando Monte, Paola Sapienza, Luigi Zingales, 30 may 2008, "Culture, Gender, Math", Science, Vol.320, Issue 5880, pp. 1164~1165.

48 단조공은 각종 금속 재료를 다양한 크기와 형상을 가진 제품으로 가공하는 단조 공정에서 일하는 노동자다. 엔진 부품인 크랭크축과 커넥팅로드, 터빈디스크, 기어, 휠 등과 기타 여러 가지 기계 및 수송 장비의 구조용 부품을 만든다.

49 주미영, 『미국 전쟁사 속 여성』, 인간사랑, 2014.

50 캐롤 타브리스(Carol Tavris), 『여성과 남성이 다르지도 똑같지도 않은 이유』, 또 하나의 문화, pp. 31~32.

51 《연합뉴스》, 페이스북 성별 표시, 여성·남성 외 '기타'도 가능해져, 2014. 2. 14. http://www.yonhapnews.co.kr/international/2014/02/14/0601330100A KR20140214011600091.HTML

52 Age of Shitlords, Facebook now has 71 gender options, 2016. 3. 14. http://ageofshitlords.com/facebook-now-has-71-gender-options/

53 《허핑턴포스트코리아》, 호주의 이 설문 조사는 33개 젠더 정체성 중 하나를 선택하라고 했다, 2016. 8. 3. http://www.huffingtonpost.kr/2016/08/03/story_n_11311134.html#cb)

54 이 글에 등장하는 다양한 젠더 옵션을 이해하기 위해서는 글쓴이에게도 공부가 필요했다. 비온뒤무지개재단에서 발간한 『젠더 여행자를 위한 번역 책자 Non-binary』는 이분법적이지 않은 방식으로 젠더를 사유하는 데 도움을 주었다. 이 책을 안내해주고 이 글을 마무리하는 데에 시우 님의 도움이 컸다.

55 《아주경제》, 하버드 등 미국 대학들 "성 중립적 인칭" 사용 허용: 남여 양성 체계 대신 중립적인 'Ze'로 소수자 배려, 2015. 9. 5. http://www.ajunews.com/view/20150905064954750

56 https://en.wikipedia.org/wiki/Gender-specific_and_gender-neutral_pronouns#Swedish

57 '고함20기획' 2편, "무채색 학교는 위험하다" 동영상(기획팀: 릴리슈슈, 달래, 상습범 진)

58 《뉴스코리아》, 동성 커플 결혼 합법화, 찬성-반대 여론 각각 24%, 2014. 08. 08. http://www.newskorea.info/news/articleView.html?idxno=39891

59 성 정체성으로 인한 고민으로 "자살을 생각해본 적 있다"는 응답자 비율은 77.4%, "자살을 시도해봤다"는 응답자 비율은 47.4%였다. 이는 비슷한 시기에 전국 중·고교생 1,201명을 대상으로 실시한 다른 조사에서 자해 및 자살 시도 경험이 10%로 나왔던 것과 비교하면 매우 높은 수준이다. (강병철, 김지혜, 『청소년 성소수자의 생활 실태 조사』, 한국청소년개발원, 2006)

60 저는 조용하고 십자수를 좋아하며 도서실에서 책 읽기를 좋아하는 중학생이었습니다. (중략) 중학교 1학년 초에, 50대의 남자 영어 선생님이 수업 시간에 들어오셔서 갑자기 칠판에 'sissy'라고 적어놓곤 이게 무슨 뜻인지 아냐고 물었습니다. 그 말이 계집애 같은 남자를 뜻한다면서 저를 'sissy'라고 불렀습니다. 아이들은 쑥덕거리며 웃었습니다. 그 후로 선생님은 1년 내내 제 이름을 부르지 않고 항상 '시씨'라고 불렀습니다. 이렇게 해서 '시씨'는 저의 별명이 되었고, 아이들도 저를 그렇게 부르면서 놀림은 더욱 심해졌습니다. 아이들은 대놓고 저에게 자기를 만지지 말라거나 가까이 오지 말라고 했고, 저랑 닿으면 '살이 썩는다. 불결하다'며 소리를 지르곤 했습니다. "하리수 같다"는 말도 많이 들었습니다. 지금 생각해보면 그 선생님이 왜 그랬는지 이해가 안 됩니다. 다른 면에서는 평판이 좋은 선생님이었으나 이 부분만은 아니었습니다. (학생인권조례 성소수자 공동행동, 『학교 내 성적 소수자 차별 사례 모음집 2011』, 서울 동작구 C 중학교 사례)

61 '김조광수과 이승환의 당연한 결혼식! 어느 멋진 날'이라는 제목이 붙은 이 결혼식에는 2,000여 명의 시민들이 함께했다. 《경향신문》, 동성애자 결혼식 올린 영화감독 김조광수 "동성 결혼, 당연한 결혼 될 것", 2013. 9. 7. http://news.khan.co.kr/kh_news/khan_art_view.html?artid=201309072135321#csidxee23dfd2a64414c8986009dee14d6f0)

62 리 배지트, 김현경·김빛나 역, 『동성 결혼은 사회를 어떻게 바꾸는가』, 민음사, 2016.

63 《서울신문》, 2016. 09. 07. 연세대 '단톡방 성희롱' 제보한 남학생 학교에 붙인 대자보 (전문) http://www.seoul.co.kr/news/newsView.php?id=20160907500136#csidx6a21ce83f63f46cbfed41179a8a2dc7

64 하지만 남성만을 징병 대상으로 삼는 것이 남녀 간의 신체 차이를 고려한 것이란 설명은 성차별을 정당화할 수 있는 토대가 되기도 한다. '여성들이 남성보다 신체적으로 약하기 때문에 남성들이 힘쓰는 일에 더 적합하고 그런 일을 하면서 더 많은 임금을 받는 것은 정당하다'라는 말과 마찬가지다.

65 김엘리, "여성의 군 참여 논쟁: 영미 페미니스트들의 평등 프레임과 탈군사화 프레임을 중심으로", 《한국여성학》, 제32권 1호, 2016.; 권인숙, "징병제의 여성 참여-이스라엘과 스웨덴의 사례 연구를 중심으로", 《여성과 평화》, 5호, p. 125, 2010.

66 2017년 현재 국군의 여군 비율은 5.6%(약 1만여 명)으로, 2016년 9월을 기준으로 육·해·공·해병대를 모두 합쳐 여군 중 장성은 2명(육군), 군의 핵심 계층인 영관장교는 823명에 그치고 있는 실정이다. 2016년 국감에서 공개한 '2012~2016년 6월간 육해공군 소속의 국방 여성을 대상으로 한 군 범죄 현황'에 따르면, 5년간 모두 312건의 범죄가 발생했고 대부분이 강간·강제추행·화장실 몰래카메라 설치 등 성범죄였다. 게다가 2015년 기준 군장학생 3,623명 중 여학생은 28명에 불과해 군장학생 선발 대상에서도 여학생은 배제되고 있다. (《시사저널》, "여군 성폭력·차별 심각", 2017. 9. 29; 오마이뉴스, "해군사관학교 나온 여군 대위, 군에 맞서다", 2017. 9. 5.)

67 현재 전 세계 192개국 중 모병제를 채택한 국가는 53%, 징병제를 채택한 국가는 47%다. 징병제를 채택한 나라 중에 여성도 그 대상으로 하고 있는 나라는 이스라엘, 노르웨이, 스웨덴, 북한, 쿠바 등 10여 개 국이다.

68 다음의 내용을 참고하여 구성함. 권인숙(2010), "징병제의 여성 참여-이스라엘과 스웨덴의 사례 연구를 중심으로",《여성과 평화》, 5호, p125.

69 인터뷰 기사 인용. http://www.explorewestsweden.com/swedish-latte-dads/

70 한국의 전형적인 여성 취업 경로는 20대에 취업해 생애 가장 좋은 일자리에서 가장 높은 임금을 받으며 일하다가, 결혼·임신·출산·육아기인 30대 초중반에 일을 그만두고 아이 돌봄에 전념한다. 아이가 어느 정도 자라면 다시 일을 시작하는데, 주로 40대 여성들로 경력단절 여성이라 불리며 비정규직의 저임금 일자리에서 주로 일한다. 여성 10명 중 6명이 비정규직이란 사실은 이런 현실을 잘 보여준다.

71 OECD 고용 동향에 따르면, 2016년 OECD 국가 중 한국의 노동 시간은 2,069시간으로 멕시코 다음으로 오랫동안 일하고 있다. 한국은 OECD 평균인 1,764시간보다 305시간 더 일한다. 하루 노동 시간을 8시간으로 잡으면 38일, 즉 1.27개월을 더 일하는 것이다. 그러나 실질 임금은 3만 2,399달러로, OECD 평균(4만 2,786달러)의 75% 수준에 머물고 있다.

72 스웨덴은 '하루 6시간 노동'이 확산되고 있다. 덴마크는 주 4일 근무제가 정착 단계에 있다.

김양지영의 글

일방통행, 성공하면 로맨스
여자 놀이 vs. 남자 놀이
유효 기간이 지난 가장 신화
좋은 군인, 멋진 직장인, 훌륭한 아버지
운동장 사용기
여성의 자위 vs. 남성의 자위
콘돔, 그게 뭐예요
보지 않을 권리
젠더의 탄생
젠더의 시대적 변화
변화를 이끌다, 픽토그램
군대, 가는 성과 가지 않는 성
스웨덴 아빠
라곰과 휘게, 평등과 행복
아들 키우는 페미니스트 엄마

김홍미리의 글

보통의 경험
당신, 무표정해도 괜찮아
마치 존재하지 않는 것처럼
여자와 아줌마
즐거운 성을 내 삶에 초대하는 방법
누구에게 하는 욕일까
우리 집의 비밀
당신의 성별은 무엇입니까
존재하기 위한 투쟁
하나도 자랑스럽지 않습니다
페미니스트 정치
페미니스트 엄마-딸 이야기

처음부터 그런 건 없습니다

초판 1쇄 인쇄 2017년 12월 1일
초판 3쇄 발행 2021년 11월 5일

지은이 | 김양지영 김홍미리
펴낸이 | 김남중

펴낸곳 | 한권의책
출판등록 | 2011년 11월 2일 제406-251002011000317호
주소 | 경기도 파주시 노을빛로 109-26
전자우편 | knamjung@hanmail.net
종이 | 지선사
인쇄 · 제본 | 현문인쇄

값 14,000원 ISBN 979-11-85237-33-6 03300